養護教諭のための

# 養護実習マニュアル

尾花 美恵子　西川路 由紀子　栗田 舞美
藤巻 和美　朝比奈 文　宮古 麻里絵
共著

少年写真新聞社

## 本書の発行にあたって

養護教諭の実習生を４週間受け入れた経験から、「限られた時間の中で豊富な内容を、いかに効率よく実習を行うか」の必要性にせまられ、これが本書の発行につながりました。

2004年（平成16年）の初版発行以来、「現場ですぐ使えて役に立つもの」をめざして、学校保健法の改正や改訂、また社会のニーズを取り入れながら発行を繰り返してきました。今までの発行部数は１万部以上（2022年３月現在）となり、多くの方に活用されてきたことを嬉しく思います。

養護教諭の歴史をひもとくと、明治30年代後半、日清・日露戦争から帰った兵士が大陸から持ち帰ったトラホームが家庭内感染。それが全国的に蔓延したことから、学童のトラホームの洗眼や治療のために、学校看護婦として採用されたのが始まりでした。その後、肺結核が国民病として発生、また戦後は日本の食糧難により学童の栄養状態の悪化や体力の低下、社会全体の衛生状態も劣悪となった環境の中で、学校看護婦は家庭訪問や出産にも立ち会いながら、激務をこなしていたそうです。

しかし一般教諭と違い、賃金は低く身分の保障や年金もない中、先輩たちは職制運動に立ち上がりました。昭和16年養護訓導、昭和22年「学校保健法」制定でようやく養護教諭となったのです。そして、学校看護婦の千葉千代世先生を国会議員として国会に送り出しました。私財をなげうち一生をそのためにささげた先輩たちや、家庭を犠牲にしながら職制運動に情熱をかけた学校看護婦の人たちがどれほど多くいらしたかを知ると、養護教諭という職業をもっと大切にし、このことを後輩に伝えていく必要があると痛感しています。参考文献：『養護教諭制度50周年記念誌』ぎょうせい（平成３年８月）

病気の治療から始まり、疾病予防や対策、健康教育まで幅広く対応してきた養護教諭ですが、現代は社会や心の問題も抱え、さらにこの３年間の新型コロナウイルス感染症のように、全世界の生活さえも変えてしまうような異常事態も起きています。

このように、養護教諭の果たす役割や求められる職務内容は、時代や社会の変化に伴って変わります。今回、現場での体験や情報をいち早く取り入れられるように、幅広い分野で活躍していらっしゃる現役世代の養護教諭の方にも執筆していただくことにしました。

本書が初めて実習生を受け入れる養護教諭や実習生の参考に、さらに心身ともに健康な子どもたちの育成のために役立てていただければ幸いです。

令和５（2023）年３月　　尾花美恵子

# 本書の特長とその使い方

1　全国の学校で利用されることを念頭に置き、全国版として編集しました。
2　初めて養護実習生（「実習生」）を受け入れる指導担当の養護教諭（「指導者」）のために、受け入れに必要な事項を網羅しました。
3　すぐ実習に活用できるよう、本書の構成を実習の時系列に沿って「実習の前に」、「実習内容」、「実習が終わって」に分けました。
4　読みやすさを考え、各項目を原則見開きにして「ねらい」、「実習方法」、「ワンポイントアドバイス」、「評価」を入れました。
5　見やすく、わかりやすくするため、イラスト、図表をできるだけ多く用いました。
6　実習が終わった後でも保健室経営に生かすことができるよう、実践事例や資料を数多く用いました。
7　保健室経営の小事典となるよう、巻末に索引を付けました。
8　これから養護教諭を目指す人たちの参考書としても活用できるようにしました。
9　中央教育審議会答申、学校保健安全法、学習指導要領など学校保健や教育において、近年示された新たな方針に基づいた内容に編集しました。

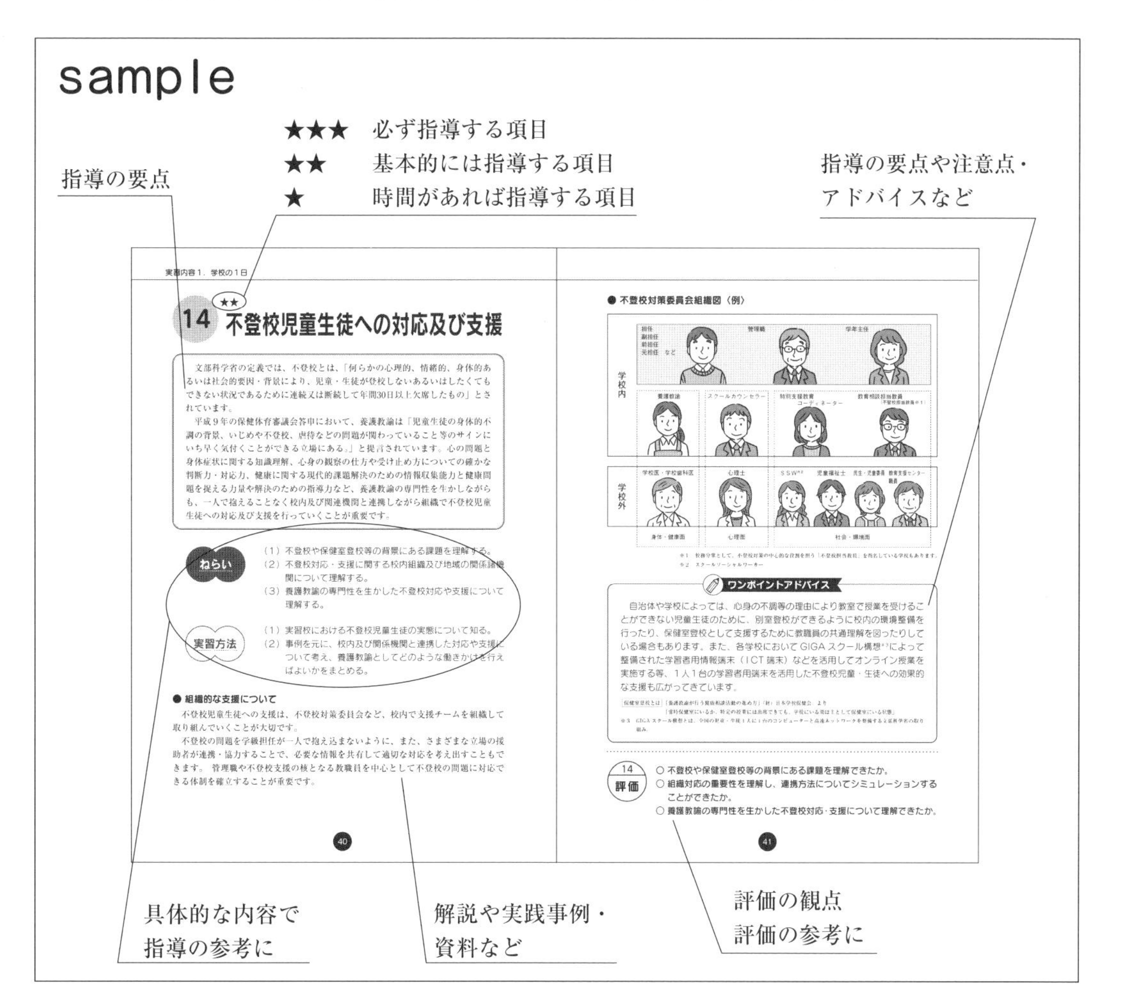

# 目　次



## 実習の前に



## 実習内容１．学校の１日



## 実習内容２．学校行事と保健室

## 実習内容３．保健教育と養護教諭



## 実習内容４．学校保健全般に関すること



## 実習が終わって



★★★…必ず指導する項目　★★…基本的には指導する項目　★…時間があれば指導する項目

# 01 実習生の受け入れ

　教育現場における実習を通して、将来、養護教諭になるための資質や能力の向上と教育的技術を高めるために、実習生を受け入れます。その中心となるのが保健室です。
　指導者側としては、後輩を育てる指導を通して、職務を振り返り、養護教諭として成長する機会となります。

## ● 実習生の受け入れ

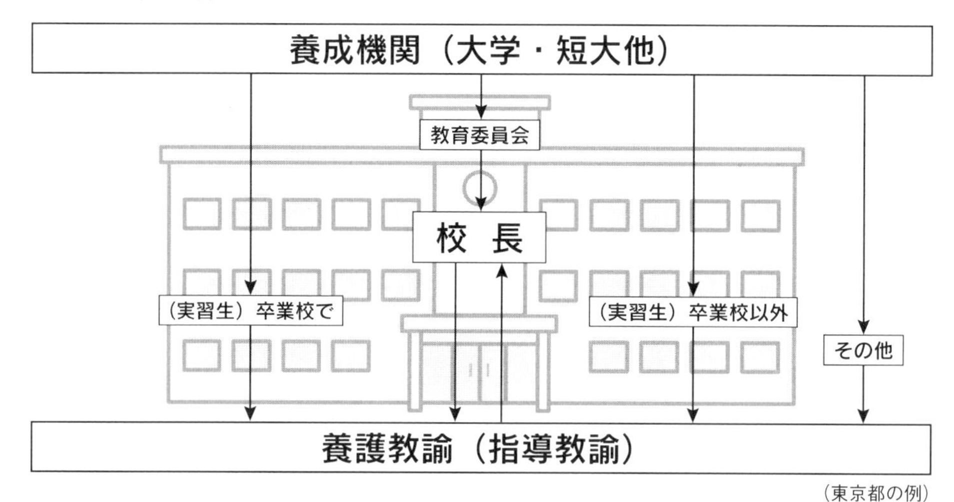

（東京都の例）

## ● 実習生の心得 （P162-163 参照）

・遅刻はしない
・しっかりあいさつをする
・勤務時間より少し早めに登校して準備をする
・華美な服装は避け、清潔感のある装いを心がける
・校内外の規則やルールを守る
・個人的な連絡先の交換を児童生徒としない
・学校での出来事を SNS にアップしない
・笑顔で対応する
・動きやすい靴を履く
・ジャージや白衣（エプロン）を用意する
・ピアス、マニキュアは装着しない

### ワンポイントアドバイス

　計画を立てる際には、養成機関の教授や実習生の要望などがあれば、事前に組み入れて計画します。実習生のもつ課題や気づき、実践などが、実習後に生かせる、または、解決へと繋がるようなサポートをすることが、実習生の成長を促すことになります。

## ● 実習生の受け入れに対する校内の取り組み

養護教諭には、組織を生かした保健活動（管理・教育）が求められています。実習生の受け入れは、学校全体で取り組み、計画は、教務主任・保健主事（主任）とともに立てます。まずは、学校の組織の中で学校教育の位置づけや養護教諭がどのように関わっているのかを知ってもらうことが大切です。

| 指導者 | 実習内容 |
|---|---|
| 1　養護教諭 | 保健室経営（保健管理、実務や事務、子どもとの関わりなど）全般について |
| 2　校長・副校長または教頭 | 学校の概要（教育目標、学校経営全般など）、教育公務員の服務、実習の心構えなど |
| 3　主幹教諭 | 教職員の意見調整、人材育成、公務の整理、仕事の進行管理など |
| 4　教務主任 | 教育課程、学習指導要領、校内組織など |
| 5　生活（生徒）指導主任 | 学校生活（生徒）全般に関わる指導（学習面、安全指導、避難訓練、防災、清掃指導、教育相談）、地域との連携など |
| 6　進路主任 | キャリア教育 |
| 7　保健主事（主任） | 学校保健全般（管理・教育）、学校保健安全計画、重大事故対応、感染症対策など |
| 8　給食主任・栄養教諭・学校栄養職員 | 学校給食、衛生管理、食物アレルギー対応など |
| 9　研究主任 | 研究組織、校内研究会など |
| 10　クラス担任 | 学級経営、児童生徒理解、保健・給食指導、体験学習など |
| 11　事務主事 | 学校保健事務（予算の執行や事務室との連携） |
| 12　学校医・学校歯科医・学校薬剤師 | 職務と健康相談などの連携（専門的なアドバイスをもらう） |
| 13　特別支援教育コーディネーター | 特別支援教育の組織や理解、校内委員会の実際など |
| 14　巡回相談教員・スクールカウンセラー（SC）・スクールソーシャルワーカー（SSW） | 必要に応じ、機会を設けて専門的アドバイスをうかがう |

# 02 実習生指導計画

## ● 実習生指導計画（案）〈小学校の例〉

1　ねらい　　教育現場における実習を通して、養護教諭になるための資質を育成する。
2　実習期間　　令和○年○月○日～○月○日の４週間
3　実習生（２人）　　○○○○　（○○大学・看護学専攻４年生）
○○○○　（　　　同　　上　　　）
指導教諭　○○○○　養護教諭

4　指導目標
（1）学校全体の概要、施設、教育活動全般について、理解させる。
（2）学校における児童の健康管理、および安全管理や安全指導の実態について知る。
（3）養護教諭としての具体的な実務を通し、現場の養護教諭の仕事を体験する。
（4）養護教諭の専門的な立場から、児童に対して適切な指導や助言のあり方を学ぶ。
（5）教育公務員の服務内容を理解させ、養護教諭としての責任感や使命感を育てる。

5　実施内容
（1）学校全体の概要、児童の実態や地域の状況（特に関係病院など）について知る。
（2）保健室経営について、その基本姿勢を学ぶ。
（3）保健室での救急処置の実際や児童に対しての保健指導やその助言の仕方を学ぶ。
（4）学校安全・校内事故発生時の対応や日本スポーツ振興センター制度について理解する。
（5）定期（臨時）健康診断の準備と実施、事前事後指導、家庭通知などの実務を知る。
（6）小学生の心と体の発育、学年別発育段階の実態を知る。
（7）健康観察の意義と欠席状況の把握の仕方、担任が行う健康観察の援助をする。
（8）感染症や集団食中毒の早期発見とその予防、事後処理の仕方を知る。
（9）健康相談と保健指導（児童・保護者・担任を含む）を理解する。
（10）他教科の授業観察をし、教科としての保健の授業を体験する。
（11）学校環境衛生について知る。
（12）学校行事、委員会（ボランティア）活動、給食指導などへ参加することにより、児童理解を深める。
（13）学校医・学校歯科医・学校薬剤師・教育委員会・病院・保健所などとの連携について知る。

6　実習内容および日程（別プリント）

7　実習生への指導の実際
（1）学校経営・校内組織・実習の心構えと服務・教育課程など……………… 校長・（副校長）
（2）学習指導要領・学習計画・評価…………………………………… 主幹教諭（教務主任）
（3）学校保健全般・保健管理………………………………………… 主幹教諭（保健主事）
（4）学校給食・給食指導・食育……………………………………… 給食主任・栄養教諭
（5）生活指導………………………………………………………… 主幹教諭（生活指導主任）
（6）安全指導・避難訓練・引き取り訓練・防災訓練…………………… 主幹教諭（安全主任）
（7）校内研究………………………………………………………… 主幹教諭（研究主任）
（8）学校保健実務全般…………………………………………………………… 養護教諭
（9）クラス体験（低・中・高を１日、児童とともに過ごす）…………………… 各クラス担任
（そのクラスの朝活から各教科の授業参観、給食、清掃も体験する）
（10）小学校以外の学校の見学実習…………………………（２日間を予定　日程表参照）

## ● 実習計画〈小学校の例〉

※講話は、事前に各指導者へ確認をする。また、放課後は実習日誌のまとめをする。

| 過程 | 曜日／時間 | 月 | 火 | 水 | 木 | 金 |
|---|---|---|---|---|---|---|
| 1週 講話・見学 | 主な行事 | 児童朝会（実習生挨拶） | 校内委員会 | 職員会議① | 歯科検診（高） | A部会 |
| | 朝の会 | 実習オリエンテーション | 朝読書 | 学級の時間 | 朝読書 | 学級の時間 |
| | 1 | 実習オリエンテーション | 学校経営 | 給食指導 | 歯科検診・片付け 4・5・6年 お知らせ発行 | 水質検査 |
| | 2 | 校舎内見学 | 学校保健 | | | |
| | 3 | 服務関係 | | 保健室運営 | | 生活指導 |
| | 4 | | 保健室経営 | | | |
| | 昼・清掃 | 給食指導見学（2・4・6年）学校栄養職員、清掃指導…各担任 | | | | |
| | 5 | 学校運営等 | | | | |
| | 6 | 学校給食 | | | 校内研究全般 | |
| | 放課後他 | | 特別支援校内委員会 | 歯科検診準備 | | A部会（生活） |
| 2週 見学・参加 | 主な行事 | 児童朝会 | 内科検診・B部会 | 職員研修 | 児童集会・内科検診 | PTA総会 |
| | 朝の会 | 健康観察・安全指導 | 健康観察・朝読書 | 観察・学級の時間 | 健康観察・朝読書 | 観察・安全指導 |
| | 1 | 心臓検診（1年）見学・手伝い | 健康観察簿集計 | 学校環境衛生 | | |
| | 2 | | | | 避難訓練 | 授業参観 |
| | 3 | 特別支援教室見学 | | 授業参観 | 特別支援教室見学 | |
| | 4 | | 内科検診準備 | | | |
| | 昼・清掃 | 給食指導見学（1・3・5年）、学校栄養職員、給食指導（1－1、2－1）各担任 | | | | |
| | 5 | 授業参観 | 内科検診（低）見学・手伝い | 各教科と保健教育 | 経営企画会議 | PTA総会 |
| | 6 | | | | | |
| | 放課後他 | | B部会（体育） | | 健康相談 | スクールカウンセラーとの連携 |
| 3週 実践活動 | 主な行事 | 児童朝会・委員会活動 | 安全点検日 | 校内研究会 | 学校保健委員会 | 学年会 |
| | 朝の会 | 健康観察・安全指導 | 健康観察・朝読書 | 観察・学級の時間 | 健康観察・朝読書 | 観察・安全指導 |
| | 1 | 健康観察簿集計（パソコン） | 振興センター処理 | 健康カード整理 | | 健康診断事後措置 |
| | 2 | 授業参観 | | | 健康診断票整理 | |
| | 3 | 保健教育教材研究 | 学校保健委員会準備 | | | |
| | 4 | 教材研究 | 学校保健委員会準備 | | | |
| | 昼・清掃 | 給食指導見学（1・3・5年）学校栄養職員、給食指導（3－1、4－1）各担任 | | | | |
| | 5 | 授業観察の仕方 | 保健教材準備 | 保健教材準備 | 学校保健委員会準備 | |
| | 6 | 委員会活動（保健） | 保健教材準備（5年） | 保健教材準備 | | |
| | 放課後他 | 職員連絡会 | | 校内研究会 | 学校保健委員会 | 生活指導連絡会 |
| 4週 振り返り・まとめ | 主な行事 | 児童朝会 | 運営委員会 | 職員会議② | | 学年会・実習終了 |
| | 朝の会 | 健康観察・安全指導 | 健康観察・朝読書 | 観察・学級の時間 | 健康観察・朝読書 | 観察・安全指導 |
| | 1 | | 保健室整備 | 校内巡視 | | |
| | 2 | 保健教育（5－2） | | | | |
| | 3 | | | | | |
| | 4 | 保健だよりについて | | | | |
| | 昼・清掃 | 給食指導（5－1、6－1）各担任、清掃指導…各担任 | | | | 実習生お別れ挨拶 |
| | 5 | | 保健教育（5－1） | 研究授業反省会 | | |
| | 6 | | | | | 実習のまとめ |
| | 放課後他 | 振り返りと実習日誌のまとめ | | | | 実習のまとめ |

# 03 養護教諭の1日の動き

実習生には、開始時のオリエンテーションで、毎日決まっている職務の中から基本的な内容をおおまかに選び、1日の流れを簡単に紹介しておきます。1日の養護教諭の動きがわかり、実習生自身も動きに見通しをもつことができます。

## ● 養護教諭の1日〈例〉

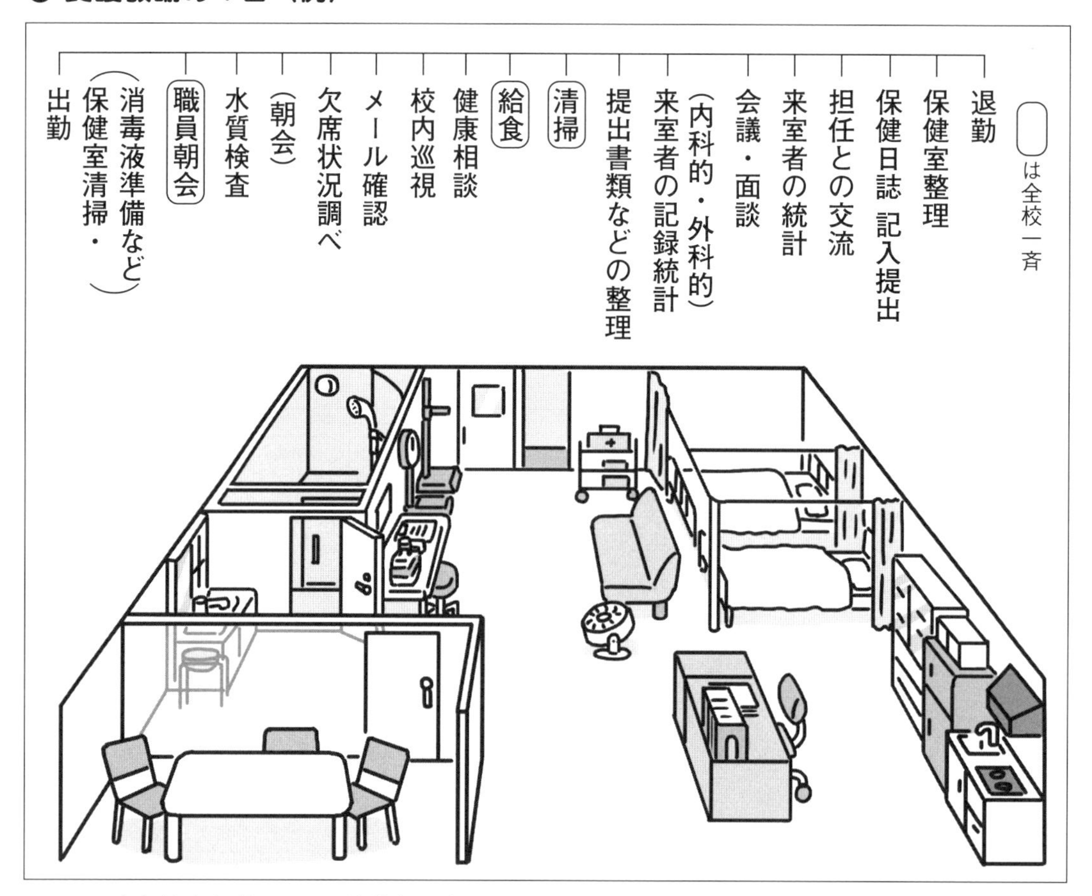


※空き教室を利用した予防体制づくりや、感染症に配慮した空間づくりを心がけます。

### ワンポイントアドバイス

学校の時程表などを活用して事前指導をしておくと、実習期間中に、自分が養護教諭としてどう動けばよいかイメージができ、緊張を和らげ、積極的に行動しようとする意欲を引き出すきっかけになります。

# 04 実習日誌の所見記録

指導者は、毎日の実習記録に目を通し、実習生の実習内容や評価などに対して指導助言欄に所見を記録します。これに対し、養護教諭の仲間から「どのようなことを書いたらよいのかわからない」という声をよく耳にします。

『実習を通して教師になるための資質を育成する』という実習のねらいから、基本的には、「学校は教育の場である」ことを意識して指導にあたることが大事です。つまり、実習生が実習中の出来事について、教育者としてどう向き合っているのか、どのように向き合えばよいのかを、記録を通して伝えることができればよいと考えます。実習記録は、最終的には実習生自身の後日の参考※になるような記録であってほしいと思います。気づいた点や課題など、詳しく記録するよう実習生に話をしておくとよいでしょう。

※ 後日の参考とは…家や養成機関などに戻ったとき、反省や振り返る資料となる。

1　学校理解（学校の機能）や児童生徒理解に役立てる。
2　養成機関に戻ったとき、実習のまとめや報告ができる。
3　養護教諭に採用されたときに役立つ（初心を忘れない）。

## ワンポイントアドバイス

1　その日のプランの何に重点を置いて記述しているかを把握し、その実習内容に対する評価で気づいた点や反省点があれば助言をします。
2　日々成長している学生の実習姿勢が記述から読み取れたときは、「ほめる」「励ます」ことを忘れないようにします。
3　実習内容・実習方法や考え方に誤りがないか、また、記録方法が適切でないときは、指導助言をします。
4　指導者として、実習態度への意見や感想を述べます。
5　誤字・脱字・文章表現・人権に関わる内容などに不適切なところがあれば、加除・訂正の指導をします。
6　質問があれば、柔軟な考えを述べます。

## ● 実習日誌〈例〉

※〔×═══〕について…文章表現で不適切と思われるところを加除・訂正する。

**実習日誌**　○**月**　○**日**　水**曜日**　**天候**　晴れ

| | 〔実習項目〕 | 〔実習内容〕 |
|---|---|---|
| **始業前** | | |
| **1時間目** | ・救急処置 ………………… | ・救急処置台の整理、整頓。<br>・登校中のけがが、結構あるものだと思った。 |
| **2時間目** | ・運動会全体練習 ………… | ・運動会に向けて、整列、集合。<br>大玉ころがし（送り）、赤対白の戦いがすごかった。 |
| **3時間目** | ・尿検査結果の事後措置等 ….<br>・校内巡視 ………………… | ・プライバシーを守ることはとても大切である。<br>・石けんの見回りや危険箇所、消毒箇所のチェック。 |
| **4時間目** | | ・明るいクラス。男女仲良く団結力があり、女子の方がしっかりしている。 |
| **給食・昼休み** | ・給食（5－2）…………… | ・先生方は、研究会等で日々、勉強をなさっている。子どもたちに少しでもいい授業をしようと、いつも悩んでいる。 |
| **5時間目** | | |
| **6時間目** | | 養護教諭もともに研究している。いつでも新しい情報に関して、あらゆることに目をむか（向け）なければならないと思った。 |
| **放課後** | ・校内研究会 ……………… | |

〔記録・反省〕

先生方もやはり、運動会に向けて体調を崩していらっしゃるようです。子どもたちが、ひっきりなしに保健室に来るように、それ以上にその子どもたちを指導している先生方が疲れるのはわかります。子どもたちに対し、大声で体も使って指導していくのに、手を抜いてやる（指導時間を省く）ということはできないのだと思います。保健室に、4・5人の子どもが来てもわかる気がするのに、担任の先生方は、約30人を相手にしているし、子どもたちは“先生、先生”とだれよりも自分に向かせようとします。たまに“う～ん”などと適当な返事をするとすぐにわかってしまい、納得しようとしません。そういうことに関してとても敏感なのだと思います。できるだけ子どもの話を聞いてやる（傾聴する）ことは、親にとっても、教師にとっても大切なことなのですね。

〔養護教諭等の所見〕

カウンセリングマインドという言葉をよく聞きますが、まずは、“リスニングマインド”。子どもの声（聞こえる声と聞こえない声）に耳を傾けることですね。こちら側に心のゆとりと安定がないと、出来ないことです。忙しさに追われてくると、ますます難しいことです。子どもを囲む大人が、落ち着かず慌ただしくしていると、鏡のように子どもたちにも変化が出てくるのは、このためでしょうか。

# 05 実習生との打ち合わせ

場慣れをしていない、まわりが見えない実習生を支援するために見通しをもってオリエンテーションに臨みます。

## 実習生との打ち合わせ

### ― 実習前期 ―
### 実習計画作成の際に

- ○ 職務に関しての体験や参加が可能なものを整理して、実習生に伝えます。
- ○ 体験や参加などについて、事前の準備に関してアドバイスをします。
- ○ 実習依頼校の実習内容について、実習生の考えを聞きます。
- ○ その他、実習への希望や実習課題があれば、話し合っておきます。

⇨

### ― 実習中期 ―
### 1日の活動の確認

- ○ 出勤後または始業前に、朝の打ち合わせ時間を確保します。
- ○ その日の実習内容の確認をします。
- ○ 必要に応じて、実習に関する課題を与えます。
- ○ 前日の実習日誌の記入内容を確認して、支援や助言があれば伝えます。
- ○ 実習依頼の教員訪問では、何を参観していただくのか、実習生自身の考えや希望を確認し、支援します。

⇨

### ― 実習後期 ―
### まとめと反省

- ○ 児童生徒や職員への感謝の気持ちを自分なりに表現するよう一言伝えます（はがきなど）。
- ○ 今後のため実習方法（体験・講話・参観・研究など）に対する意見を聞いておきます。
- ○ 保健教育の研究授業の反省とまとめをします。
- ○ 実習前後、学校や保健関係で参観や参加したい行事があるか聞いておきます。
- ○ 実習日誌全般を通して指導助言をします。

## ワンポイントアドバイス

実習生の願いや個性が生かされる実習になるように支援をしましょう。

# 06 ★★★ 健康観察

病気やけがを早期に発見し、治療に繋げることや、病気やけがそのものを未然に防ぐには、児童生徒の健康観察が大変重要です。さらには、感染症を早期に発見することで集団発生を防いだり、家庭での悩みや不安・いじめなどの兆候を発見できたりすることもあります。

いずれの場合も、養護教諭だけで抱え込まずに、他の教職員や家庭とよく連絡を取り合うことが大切です。

（１）健康観察のチェックポイントを理解する。
（２）健康観察後の対応や事務処理の方法を理解する。

## ● 健康観察のチェックポイント

**全体**
元気さ・不安気・発熱・無気力
うわのそら・注意力散漫・だるい
ボーっとしている・異常行動・服装など

**姿勢**
まっすぐに立てない・
肩が落ちている・背中が
曲がる（姿勢が悪い）

**声**
声が小さい・出ない・
かすれる・はっきりしない
（変声期とは違う）

**顔**
顔色・つや・
むくみ・発疹

**髪**
髪色・髪型・つや・脱毛・
アタマジラミ・フケ

**口**
むし歯・腫れ・口臭・
歯肉炎・歯石・歯列

**手**
爪の色つや・指の動き・
マニキュアや自傷跡の有無

**目**
目の充血・涙・
目やに・目つき・反応

**皮膚**
色・発疹・むくみ・
あざ

**足**
歩き方・腫れ・
むくみ

（1）健康観察のチェックポイントをもとに、来室児童生徒の健康観察を行う。
（2）健康観察の結果、どのような見立てをつけたかを実習指導者に報告・相談を行い、児童生徒の対応にあたる。
（3）早退や医療機関への受診などで保護者と連絡を取る場合は、指導者が対応にあたる姿を示すことで実習とする。
（4）感染症が疑われる場合の対応や、出席停止の事務処理、教育委員会･保健所との情報共有の方法について確認する。
（5）救急搬送が必要な場合の校内職員の役割分担や事務的な処理について確認する。

## 何らかのケアを必要としているサイン

・理由がはっきりしない遅刻や欠席が多い
・保健室に出入りする回数が多く、理由や症状が、曖昧である
・休み時間などに友だちとは遊ばず、一人でいることが多い
・病気（持病）があるのを理由に、体の異常をよく訴える
・ベッドで休ませても落ち着かないか、しきりに話しかけてくる
・会話をしていても表情がないか、喜怒哀楽の表現に乏しい

**健康観察から児童虐待が発見されることもあります。**

**ネグレクト**…いつも汗臭く入浴している様子がない、衣服が汚れている、いつも空腹状態、けがや病気をしても医療機関を受診した様子が見られないなど
**身体的虐待**…背中や腕などにタバコの火傷がある、内出血跡が数か所ある、けがの原因を言い渋ったり隠したりするなど
**心理的虐待**…言葉の遅れ、指しゃぶりや体をゆするなどの習癖が目立つなど
**性的虐待**……年齢不相応な性的発言が目立つ、他人との身体接触を異常に怖がるか好むなど

虐待の疑いがあるときは、身体や行動を観察し、本人にそれとなく家庭での過ごし方などを聞き、複数の人の情報を集めます。同時に、管理職や担任等と連携して校内支援体制をつくり、児童相談所等の関係機関に通告するなどの対応が必要です。

06 **評価**

○ 健康観察のチェックポイントが理解できたか。
○ 健康観察後の対応や事務処理の方法が理解できたか。

# ★★★ 救急処置

学校での救急処置は、心のケアをしながら、優しくていねいに手当てをする心構えが必要であり、適切な対応でけがや病状の悪化を最小限にくい止め、学習に復帰させるのが基本です。また、家庭連絡は基本的に担任がしますが、依頼があれば養護教諭がすることもあります。

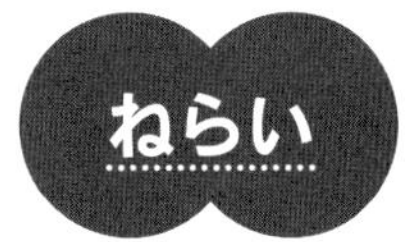


（1）救急処置の実際を理解し、指導者の監督の下で実践できるようにする。
（2）救急処置に必要な薬品類の扱いや物品の管理方法を理解する。

（1）処置に必要な薬品や物品の整理をし、動線を考えた上で効率よく救急処置が行えるよう環境を整える。また、薬品の種類や保管場所の確認をする。
（2）指導者とともに児童生徒の対応にあたり、救急処置を行う。
（3）医療機関の受診が必要と思われるケースについて学ぶとともに、近隣医療機関や、受診する診療科の選定について知る。
（4）傷病者発生時はていねいに聞き取りを行い、来室記録や保健日誌へ詳細に記録する。

## ● 医薬品と衛生材料について

医薬品や衛生材料の選定・購入にあたっては、学校医、学校歯科医、学校薬剤師に相談・指示の下で準備しましょう。

使用期限のあるものや、長期間保存することにより変質したり、効果が変化したりするものもあります。医薬品管理簿等に記録し、定期的な点検を行って適切に管理します。

## ● 保健室に常備しておきたい医薬品・衛生材料

| 外用薬 | 衛生材料など | |
|---|---|---|
| 1　外皮用殺菌消毒薬 | 1　救急絆創膏・ガーゼなど | 8　アルコール |
| 2　抗菌薬配合外用薬（きず薬） | 2　ネット包帯・伸縮性包帯 | 9　水石鹸 |
| 3　虫さされ・かゆみ止め用薬 | 3　綿棒 | 10　次亜塩素酸ナトリウム |
| 4　外皮用消炎鎮痛剤 | 4　使い捨てマスク | 11　歯牙保存液 |
| 5　うがい薬 | 5　使い捨てビニール手袋 | 12　生理用品 |
| 6　目薬 | 6　保冷剤・冷却シートなど | 13　副木 |
| | 7　使い捨てカイロ | |

## ● OTC医薬品※1のリスク分類

※1 OTC医薬品とは、「Over The Counter」の略で、薬局で購入する一般医薬品と要指導医薬品のこと。

| 区分 | | 定義 |
|---|---|---|
| 要指導医薬品 | | スイッチ直後品目※2や劇薬については、リスクが必ずしも明確でなかったり、非常に毒性が強かったりするなどのため一般用医薬品とは区別し、薬剤師が対面で情報提供・指導する。<br>※2 医療用から一般用に移行して間もなく、一般用としてのリスクが確定していない薬。<br>（ネット販売不可） |
| 一般用医薬品 | 第１類医薬品 | その副作用等により日常生活に支障を来たす程度の健康被害を生ずるおそれがある医薬品であって、その使用に関し特に注意が必要なものとして厚生労働大臣が指定するもの。 |
| | 第２類医薬品※ | その副作用等により日常生活に支障を来たす程度の健康被害を生ずるおそれがある医薬品であって厚生労働大臣が指定するもの。<br>※第２類医薬品のうち、特に注意を要する医薬品を「指定第２類医薬品」として指定する。 |
| | 第３類医薬品 | 第１類及び第２類医薬品以外の一般医薬品（日常生活に支障を来たす程度ではないが、身体の変調・不調が起こるおそれがあるもの）。 |

学校薬剤師が提案する保健室常備医薬品＆保健室のセルフメディケーション／小平市学校薬剤師会　一部改変

### ワンポイントアドバイス

　実習中は、保健室に来る児童生徒のけがや病気の手当て、四肢の不自由な児童生徒の介助的な処置が常に見られるので、質問があればその都度対応し、体験実習が可能と判断した場合は、守秘義務を心得たうえで本人に任せてみるのもよいでしょう。

　また、首から上部のけがや、大きな事故の場合は、現場の状況確認と管理職への報告が必要なことを伝えましょう。

### 07 評価

○ 救急処置の基本が理解できたか。

○ 基本的な救急処置ができたか。

○ 薬品類の扱いや管理方法が理解できたか。

## ● 保健室での救急処置〈例〉

　保健室で接することの多いけがは次のようなもので、けがの大小はありますが基本を押さえて指導しましょう。またこれ以外のけがや病気に対しても、対応できるように自己研鑽を促します。大事故や病気の場合・救急車に乗せるまでの処置なども指導します。そのときは、担任や保護者との連携もあわせて指導します。

**擦過傷**

**すべった・転んだ**

1　水道水で傷口の汚れを洗う。
2　必要に応じて消毒をする。
3　絆創膏や滅菌ガーゼを貼る。

**熱傷**

**理科の実験や調理実習で**

1　流水や氷で冷やす。
2　水ぶくれは破かない。
3　大きな水ぶくれ・広範囲・深い火傷などは医療機関を受診する。

**打撲（捻挫・脱臼・骨折）**

**すべった・転んだ・ぶつかったなど**

1　無理に動かさないで、冷やして様子を見る。
2　腫れや痛みがあるときは、受診する。
3　捻挫や脱臼・骨折は見分けがつきにくく、迷ったときはなるべく早く医療機関を受診する。

## 切創

### ナイフやカッター・彫刻刀など

1　止血をする（落ち着いて･あわてないで）。
2　必要に応じて消毒をする。
3　絆創膏や滅菌ガーゼを貼る。
4　深い傷の場合は、医療機関を受診する。

## 頭部・顔面の打撲

### 転んだ・ぶつかった

1　皮下血腫（たんこぶ）は氷で冷やす。
2　安静にして様子を見る。
3　頭痛や吐き気があるときは医療機関を受診する（必要に応じて、救急車を呼ぶ）。

## 鼻出血

### 転んだ・ぶつかった・自然に出た

1　鼻を押さえて止血をする。
2　鼻栓を詰めて、上から冷やす。
3　首をたたいたり寝かせたりしない。

## 歯牙の損傷

### 転んだ・ぶつかった

1　できるだけ早く受診する。
2　抜けた歯は、市販の歯牙保存液に入れて、受診先へ持参する。

保存液がない場合、未開封・消費期限内の牛乳や生理的食塩水に浸し、氷で冷やしながら持参する（組織が傷つくので、紙やガーゼには絶対に包まない）。

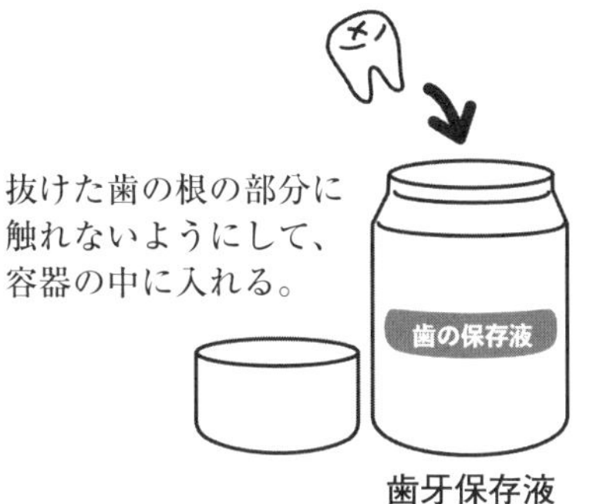


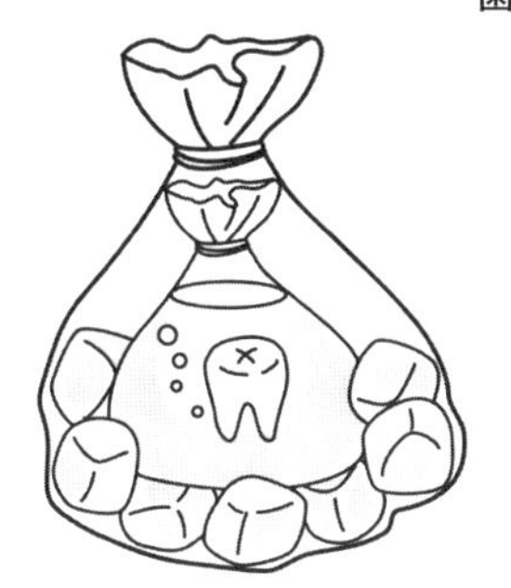

# ★★★ 救急処置の事後処理

救急処置後に行う関係各所への報告・連絡などの対応や、日本スポーツ振興センターをはじめとした事務的な事後処理も救急処置に伴う重要な執務のひとつです。

（１）救急処置後の児童生徒の接し方について理解する。
（２）事後処理で連携をとる必要がある関係機関とその連携方法を理解する。
（３）救急処置後の校内での情報共有の方法を理解する。

（１）事後処理に必要な記録をとるために、傷病者発生時は児童生徒からていねいに聞き取りを行い、記録をする。
（２）傷病の要因が学校側の設備等にある場合も想定した聞き取りを行い、必要に応じて現場の確認を行う。破損個所等の不備があった場合は直ちに管理職に報告を行い、担当部署による修繕等を依頼する。
（３）傷病発生の要因と考えられる事柄について、本人または保護者にフィードバックを行い、日ごろの生活で改善できる点について指導や情報共有を行う。
（４）週間や月間等、まとまった期間の救急処置の記録をまとめ、傷病発生が多くなりがちな曜日・時間・天気・場所等をデータから考察するとともに職員打ち合わせ等で情報共有を行う。

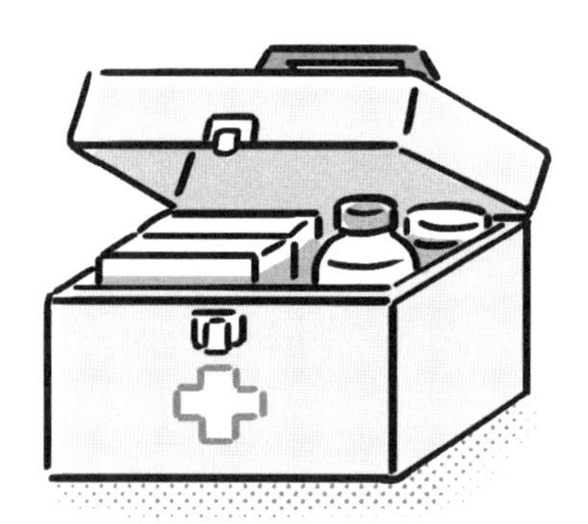

## 資料1 保護者あて「給付のお知らせ」〈例〉

年　月　日

○○年○○組○○○○○さん　保護者様

○○○○学校

校長　○○　○○

〈独立行政法人日本スポーツ振興センター〉

### 給付（災害共済給付）金支給のお知らせ

過日、提出されました書類により、「日本スポーツ振興センター」から下記の共済給付金（医療費・疾病見舞金）が支給されましたのでお知らせします。

なお、振り込み先は、給食費の口座となります。振り込み手数料が○○○円かかります。手数料を差し引いての入金となりますのでご了承ください。

記

共済給付金

金額　¥　　　,

| 内訳 | | | |
|---|---|---|---|
| | 月分 | (医)・薬　請求額又は点数 | 支給額 |
| | 月分 | 医・(薬)　請求額又は点数 | 支給額 |
| | 月分 | 医・薬　請求額又は点数 | 支給額 |
| | 月分 | 医・薬　請求額又は点数 | 支給額 |

振り込み日　　年　月　日

問い合わせ先　○○○○学校

TEL　○○○○○○○○○○

担当　○○○○○○○○○

### ワンポイントアドバイス

けがの大きさや原因によっては職員に報告しますが、報告の場は職員朝会や職員会議になります。担任の事実報告後、養護教諭は知っておいてもらいたいことや、児童生徒への指導に関わる点で必要に応じて意見を述べることが大切であることを付け加えておきましょう。

※ 保健室の情報として、定例の生徒（生活）指導部会に所属している場合は、部会で報告する学校もあります（**資料2**）。

### 08 評価

○ 救急処置後の保健室での児童生徒の接し方が理解できたか。

○ 事後処理をするうえで必要な関係機関やその連携方法が理解できたか。

○ 救急処置後の校内での情報共有の方法が理解できたか。

**資料2** **保健室からの情報（生活指導部会への報告用紙）〈小学校の例〉**

# ◯月 保健室情報

○○学校
○○年○○月○○日
（○○年○○月○○日～○○月○○日）

## 1　保健室の利用者状況

延べ人数　　人

| 内科的 | | | | | 外科的 | | | | | | | 合計 |
|---|---|---|---|---|---|---|---|---|---|---|---|---|
| 頭痛 | 腹痛 | 気持ち悪い | その他 | 計 | 擦過傷 | 切り傷 | 打撲（頭部） | 打撲（頭部以外） | つき指捻挫 | その他 | 計 | |
| 人 | 人 | 人 | 人 | 人 | 人 | 人 | 人 | 人 | 人 | 人 | 人 | 人 |

## 2　欠席延べ人数

| 1年 | 2年 | 3年 | 4年 | 5年 | 6年 |
|---|---|---|---|---|---|
| 人 | 人 | 人 | 人 | 人 | 人 |

1日平均　　人

## 3　医療機関にかかったけが

〔日本スポーツ振興センター災害共済給付申請対象のけが〕

| No. | 学年 | 性別 | 発生日 | 発生場所 | 傷病名 | 原因 |
|---|---|---|---|---|---|---|
| | | | | | | ※ 新規か継続かも記入 |

## 4　その他（要因分析や指導に関わる点など）

・
・
・

## 資料3 保健室⇔家庭連絡カード（頭部打撲）〈例〉

本日、お子さんが下記のような理由で保健室へ来室しました。学校で観察及び応急手当をいたしましたが、引き続き、ご家庭でも注意していただきたいことがいくつかあります。次のことをよくお読みいただいて、経過観察をお願いいたします。

※学校でのけがで医療機関（接骨院含む）を受診する際は、日本スポーツ振興センターの災害共済給付制度の対象になりますので、子ども医療証は使用せず保険証のみを使用してください。受診された場合は、後日、改めて必要な書類や手続きの流れなどについてお知らせしますので、ご連絡ください。

| 年　　組　　　　さんの　保護者　様 | 月　　日　　時　　分 |
|---|---|
| 受傷状況 | 原因：<br>打った部位：前額部・後頭部・頭頂部・側頭部（右・左）<br>症状：吐き気（あり・なし）、おう吐（あり・なし） |
| 手当て | 〈　　〉安静にし、打った部位を冷やしました。<br>〈　　〉保健室で（　　）分間ほど休養し、経過を観察しました。<br>〈　　〉教室で様子を見ました。<br>〈　　〉その他（　　　　　　　　　　） |
| 帰宅後の注意 | 1　今日は、一日家でおとなしくしているようお話しください。<br>2　打った部位の痛みが続くときは、冷やしてください。<br>3　今日は、入浴はせずシャワーのみにして、早めに就寝させてください。 |
| こんな症状があるときは病院へ | ・意識がぼんやりする、あるいはよく眠ってしまい、起こしてもなかなか起きない<br>・頭痛がだんだん激しくなる<br>・吐き気があったり、吐いたりする<br>・めまいがする<br>・目がかすんだり、物が二重に見えたりする<br>・手足が動きにくくなったり、しびれたりする<br>・けいれん（ひきつけ）が起こる<br>・受傷部位の痛みが強くなる<br>・熱が高くなる　・顔色が悪い<br>病院を受診された際は、保健室までお知らせください |

お大事にしてください。

……………………き・・り・・と・・り……………………

**★帰宅後の様子**（ご家庭での様子や診察の結果などを記入し、学校へ提出してください）　担任⇒保健室へ

年　　組　氏名＿＿＿＿＿＿＿＿

保護者氏名＿＿＿＿＿＿＿＿

# 09 ★★★ 保健管理

児童生徒の健康の保持増進を図るために、学校として管理運営上必要とされているのは、以下の事柄です。これらを保健教育や保健組織活動とともに「学校保健計画」の中に盛り込みます。

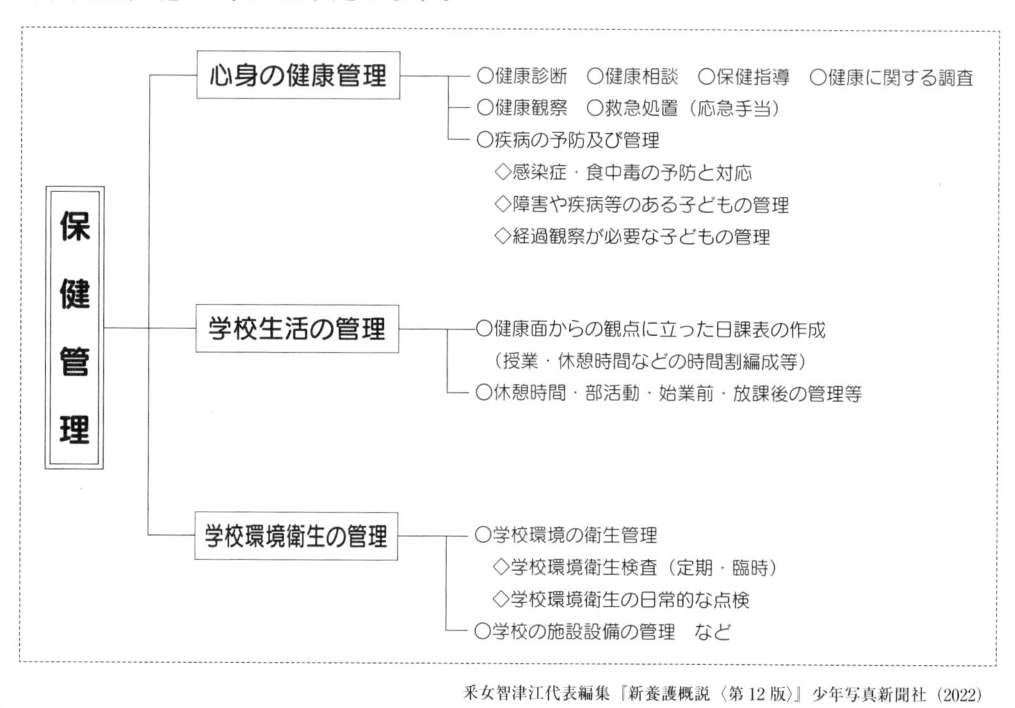


采女智津江代表編集『新養護概説〈第12版〉』少年写真新聞社（2022）

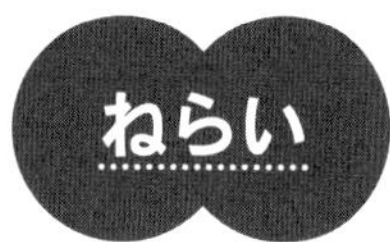


（1）保健管理は、学校保健安全法に基づいて各学校で策定した「学校保健計画」に沿って実施されるものであることを理解する。

（2）保健管理は、定期健康診断や健康観察など児童生徒を対象としたものから、教室の照度や騒音、水質の管理など環境衛生に関するものまで多岐に渡ることを理解する。

（1）日々の欠席者及び欠席理由について把握し、感染症流行の兆候などがないかを確認する。

（2）学校薬剤師の協力を得て、定期や日常の環境衛生検査の実習を行う。

## 資料 水質検査の測定方法〈例〉（遊離残留塩素測定の場合）

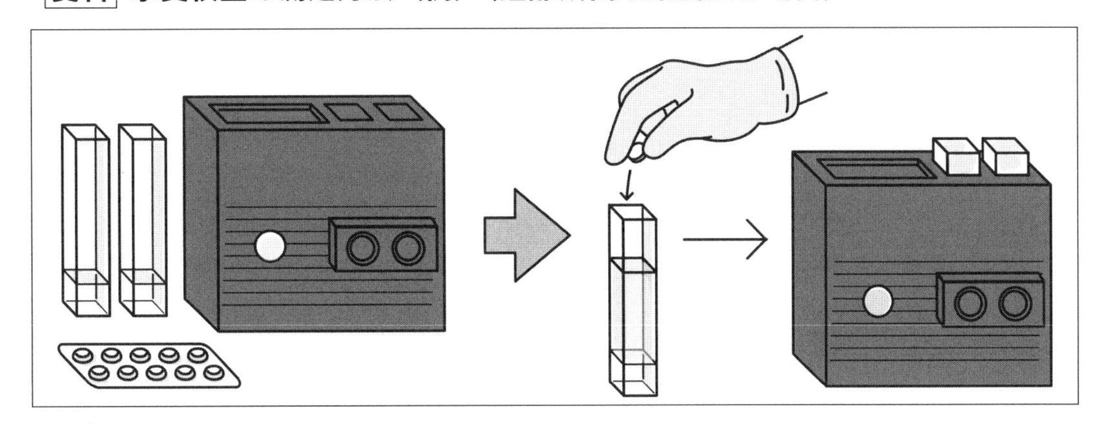

## ● 残留塩素等検査実施記録票〈例〉

◇検査前には、全開放水約30分 「△放水30分」はさらに実施したということです。

| ビル名 | ○○小学校 |
|---|---|
| 実施月日 | ○○年○○月分 |

| 検査日時 | | | 検査者 | 検査場所（2Ｆ○○○） | | | | | 備考 |
|---|---|---|---|---|---|---|---|---|---|
| 日 | 曜日 | 時刻 | | 遊離残留塩素（ＰＰＭ） | 色 | 濁り | 臭気 | 味 | |
| 1 | 土 | 9：00 | 養教 ○○○○ 印 | 0．4 | － | － | － | － | 曇 ※十周年記念式典 |
| 2 | 日 | | | | | | | | |
| 3 | 月 | | 文化の日 | | | | | | |
| 4 | 火 | | 振替休日 | | | | | | |
| 5 | 水 | 9：30 | 養教 ○○○○ 印 | 0．4 | △ | △ | － | － | 曇 △放水30分 |
| 6 | 木 | 8：45 | 養教 ○○○○ 印 | 0．4 | － | － | － | － | 雨／曇 |
| 7 | 金 | 9：00 | 養教 ○○○○ 印 | 0．4 | － | － | － | － | 晴 |
| 8 | 土 | | | | | | | | |
| 9 | 日 | | | | | | | | |
| 10 | 月 | 9：00 | 養教 ○○○○ 印 | 0．4 | － | － | － | － | 雨 |
| 11 | 火 | 9：15 | 養教 ○○○○ 印 | 0．4 | － | － | － | － | 雨 |
| 30 | 日 | | | | | | | | |

### ワンポイントアドバイス

保健管理の内容は、学校保健活動の年間を通した総合的なものです。学校保健計画を立てるときには教育課程に基づく保健教育との調整を図るとともに、体育や学校給食などの関連する分野との関係も考慮することが大切です。

○ 保健管理のしくみが理解できたか。

○ 欠席者や欠席理由の把握や環境衛生検査を通して、保健管理が児童生徒の健康にどう関わるのかが理解できたか。

# 10 ★★ 学校環境衛生

学校環境衛生活動の実際を実習する前に、まずは学校環境衛生の意義について確認をしておきます。「児童生徒の生命や健康を守ること」「児童生徒の発育・発達を助長すること」「学習活動の効果や豊かな情操を高めること」などを話します。学校環境衛生活動は「定期検査」「日常点検」「臨時検査」の三つに分類されますが、その検査・点検により環境保持の大切さを理解し、活動が実際どのように進められているかを体験させます。

学校職員、教育委員会、市区町村薬剤師会、学校薬剤師、保健所、業者等との連携や協力の必要性や、どのような活動が行われているのかを例にとったり、プリントなどを使ったりして話を進めます。

| 日常点検の項目（「学校環境衛生管理マニュアル」参照） |
|---|
| (1) 教室等の換気　(2) 教室等の温度　(3) 教室等の明るさとまぶしさ<br>(4) 教室等の騒音　(5) 飲料水の水質　(6) 雑用水の水質　(7) 飲料水等の施設・設備<br>(8) 学校の清潔（机、いす、黒板、運動場、砂場、便所、排水溝、飼育動物の施設・設備、ごみ集積場等）　(9) ネズミ、衛生害虫等　(10) プール水等<br>(11) 水泳プールの附属施設・設備等（浄化設備及び消毒設備等） |

**〈臨時の検査が必要な場合〉**

（1）感染症又は食中毒の発生のおそれがあり、また、発生したとき。

（2）風水害等により環境が不潔になり又は汚染され、感染症の発生のおそれがあるとき。

（3）新築、改築、改修等及び机、いす、コンピュータ等新たな学校用備品の搬入等により揮発性有機化合物の発生のおそれがあるとき。

（4）その他必要なとき。

出典：『学校環境衛生マニュアル（平成30年度改訂版）』文部科学省（2018）

（1）学校環境衛生の活動やその方法を理解する。

（2）学校薬剤師・保健所等との連携の仕方や方法を理解する。

（3）結果を学校生活の中にどのように生かしているかなど、事後措置について理解する。

（1）水質検査を実施し、記録や報告書の作成を行う。

（2）学校環境衛生マニュアルの日常点検項目を確認しながら校内の巡視を行う。

## ● 環境衛生活動実施計画（○○区年間計画）〈例〉

| | 項目＼月 | 4 | 5 | 6 | 7 | 8 | 9 | 10 | 11 | 12 | 1 | 2 | 3 | 実施機関 |
|---|---|---|---|---|---|---|---|---|---|---|---|---|---|---|
| 水質調査 | 飲料水水質検査（全校） | | | ○ | 12 項目 | | | | | | | | | ○○区学校薬剤師会<br>☎○○○○－○○○○ |
| | ビル管校水質検査 | | | | ○ | トリハロメタン類・貯湯槽 | | | | ○ | 12項目 | | | ○○区学校薬剤師会<br>☎○○○○－○○○○ |
| | 簡易専用水道検査<br>（※ビル管校は除く） | | | | | | | | | | ○ | | | ○○食品衛生協会<br>☎○○○○－○○○○ |
| | プール水水質検査 | | | ← | ○ | → | | | | | | | | ○○区学校薬剤師会<br>☎○○○○－○○○○ |
| | 雑用水残留塩素等検査 | | ○ | | ○ | | ○ | | ○ | | ○ | | ○ | ○○ビルサービス協同組合<br>☎○○○○－○○○○ |
| 空気 | 教室等空気環境検査<br>（年２回実施） | | | ← ○ | → | | | | | | | ○ | | ○○区学校薬剤師会<br>☎○○○○－○○○○ |
| | 年契　ビル管校空気環境測定 | | ○ | | ○ | | ○ | | ○ | | ○ | | ○ | ○○ビルサービス協同組合<br>☎○○○○－○○○○ |
| | ホルムアルデヒド他<br>揮発性有機化合物 | | | | ○ | | | | | | | | | ○○区学校薬剤師会<br>☎○○○○－○○○○ |
| 駆除 | 樹木害虫駆除 | 発生時に対応 | | | | | | | | | | | | （株）○○○○<br>☎○○○○－○○○○ |
| | 校舎等害虫駆除 | | | | ←→ 給食室　他の校内は必要に応じて実施 | | | | | | | | | （株）○○○○<br>☎○○○○－○○○○ |
| 保健室 | 保健室冷暖房機保守点検 | | ○ | | | | | | ○ | | | | | （株）○○○○<br>☎○○○○－○○○○ |
| | 保健室空気清浄機保守点検 | | | | | | | | | | | ○ | | （株）○○○○<br>☎○○○○－○○○○ |
| | 保健室等寝具消毒防菌加工 | | | | ○ | | | | | ○ | | | ○ | （株）○○○○<br>☎○○○○－○○○○ |
| | ダニアレルゲン検査 | | | ○ | | | | | | | | | | ○○区学校薬剤師会<br>☎○○○○－○○○○ |

### ワンポイントアドバイス

実施内容や実施時期は、学校の規模や地域環境・校舎の構造などにより違いますので、その管理方法も自治体ごとに違うことを伝えておきましょう。

**10 評価**

○ 環境衛生活動が専門家や業者との連携で実施されていることが理解できたか。

○ 体験を通して、各検査と記録の方法、また学校環境衛生活動の重要性が理解できたか。

# 11 ★学校環境衛生と安全点検

学校環境衛生検査には、子どもたちが快適な学校環境のもとで学習し、健康で心豊かな学校生活を送ることができるようにするための衛生的管理面と、子どもたちの身のまわりの美化や情操教育への配慮面の目的があります。

安全点検の目的は、学校教育活動において起こりやすい事故やけがの原因となる施設設備の不備や危険物の放置などについて、全教職員が関心をもって安全点検を行い、子どもたちが健康で安全かつ快適な学校生活が送れるようにします。

（1）学校環境衛生検査の意義を理解する。
（2）安全点検の必要性を理解する。

（1）学校環境衛生検査及び安全点検のポイントを確認しながら、実施に立ち会う。
（2）検査及び点検結果をもとに、校内へのフィードバックの手立てを考える。

**プール**
1 水中に危険物や異常なものがないこと。
2 プール水の遊離残留塩素が、0.4mg/ℓ以上1.0mg/ℓ以下であること。
3 pH値は、5.8以上8.6以下であること。
4 透明度は、水中で3m離れた位置からプールの壁面が明確に見えること。ほか

**足洗い場**
1 清潔であること。
2 破損や故障がないこと。
3 排水がよいこと。
ほか

**体育館**
1 清潔であること。
2 十分な明るさがあること（300lx以上）。
3 換気がよく行われていること。
ほか

**教室**
1 清潔であること。特に黒板がよくふかれていること。
2 十分な明るさ（照度の下限値は300lx、教室及び黒板の照度は500lx以上が望ましい）があり、まぶしさがないこと。コンピュータ室の机上は、500～1000lx程度。
3 換気がよく行われ（二酸化炭素は1500ppm以下）、気温は17℃以上28℃以下であること。
4 机・いすは、清潔で破損がなく、身体に適合していること。
5 騒音がないこと（閉窓50dB以下、開窓55dB以下）。
6 ごみの処置が適切に行われていること。ほか

**トイレ**
1 清潔で、換気が十分行われ、臭気がないこと。
2 排水溝、扉などの施設・設備に故障がないこと。
ほか

**校庭・昇降口・保健室**
1 床、壁、天井、窓ガラス、カーテンなどが清潔で破損がないこと。
2 紙くず、ごみ、ガラス片などが落ちていないこと。
3 美化が進められていること。
4 校地は排水がよいこと。
5 清掃が的確に行われていること。
6 ネズミ、衛生害虫が生息しないこと。ほか

**水飲み・洗口・手洗い場**
1 飲料水には遊離残留塩素が0．1㎎/ℓ以上あること。
2 飲料水は、異常な臭い、味、にごりがないこと。
3 水飲み場及びこの周辺は清潔であること。
4 水飲み場の設備に故障がないこと。ほか

参考文献：『学校環境衛生マニュアル（平成30年度改訂版）』文部科学省（2018）

## ● 空気検査の実際〈例〉

### 定期環境衛生検査（教室内の空気）の検査結果

〇〇小学校保健部

| | 項目<br>場所 | ホルムアルデヒド（ppm） | トルエン（ppm） | キシレン（ppm） | パラジクロロベンゼン（ppm） |
|---|---|---|---|---|---|
| 1 | パソコン室 | 0.04 | 0.01 | 0.01 | 0.04 |
| 2 | 教室（2年） | 0.08 | 0.01 | 0.01 | 0.03 |
| 3 | 音楽室 | 0.01 | 0.01 | 0.01 | 0.04 |
| 4 | 家庭科室 | 0.06 | 0.01 | 0.01 | 0.03 |
| 5 | 図書室 | 0.05 | 0.01 | 0.01 | 0.03 |
| 6 | 体育館 | 0.01 | 0.01 | 0.01 | 0.01 |
| 7 | 図工室 | 0.05 | 0.01 | 0.03 | 0.02 |
| 8 | 講　堂 | 0.01 | 0.01 | 0.01 | 0.01 |
| 9 | 理科室 | 0.03 | 0.01 | 0.01 | 0.02 |

「学校環境衛生基準」（平成 30 年4月1日　施行）

・ホルムアルデヒドは、100μg/$m^3$（0.08ppm）以下であること
・トルエンは、260μg/$m^3$（0.07ppm）以下であること
・キシレンは、870μg/$m^3$（0.20ppm）以下であること
・パラジクロロベンゼンは、240μg/$m^3$（0.04ppm）以下であること

**検査後の措置とその後の予定**

・検査結果を学校薬剤師に報告し、指導助言と指示をあおぐ。
・職員会議に結果のお知らせをし、全体の共通理解を得る。
・場所によっては、次年度も検査を行うよう、予算化を要望する。

**ワンポイントアドバイス**

検査実施後は、学校薬剤師の指導助言を得て、結果や対策などを全教職員に知らせます。また「学校環境衛生基準」は時々変わりますので、最新の情報を得ることが大切です。

**11 評価**

〇 学校環境衛生検査の意義が理解できたか。
〇 安全点検の必要性が理解できたか。

# 12a ★★ 感染症

　学校は集団生活の場であり、感染症拡大の未然防止と、早期に兆候を捉えて、対応することが重要です。
　学校感染症は学校保健安全法において以下のように示されています。
第四節　感染症の予防
（出席停止）
第十九条　校長は、感染症にかかつており、かかつている疑いがあり、又はかかるおそれのある児童生徒等があるときは、政令で定めるところにより、出席を停止させることができる。
（臨時休業）
第二十条　学校の設置者は、感染症の予防上必要があるときは、臨時に、学校の全部又は一部の休業を行うことができる。

**ねらい**

（１）学校における感染症の分類やその対応について理解する。

（１）学校で予防すべき感染症と出席停止の基準を確認する。
　　学校保健安全法施行規則　第１８条　第１９条
（２）感染症による出席停止の手続きを確認する。
　　・感染症による出席停止の手続き

**ワンポイントアドバイス**

　養護教諭は学校医へ状況を伝え、指導助言を受けながら校長と相談し、出席停止を決定します。集団発生した場合は、学校保健安全法施行令第５条により、学校管内の保健所への届出を行います。

## ● 学校で予防すべき感染症と出席停止期間の基準

〈学校保健安全法施行規則 第18条・第19条より〉

| | 特徴 | 感染症の種類 | 出席停止期間の基準 | |
|---|---|---|---|---|
| 第一種 | 「感染症の予防及び感染症の患者に対する医療に関する法律」の一類感染症と結核を除く二類感染症を規定している。 | エボラ出血熱、クリミア・コンゴ出血熱、痘そう、南米出血熱、ペスト、マールブルグ病、ラッサ熱、急性灰白髄炎、ジフテリア、重症急性呼吸器症候群（病原体がベータコロナウイルス属SARSコロナウイルスであるものに限る）、中東呼吸器症候群（病原体がベータコロナウイルス属MERSコロナウイルスであるものに限る）、特定鳥インフルエンザ（病原体がインフルエンザウイルスA属インフルエンザAウイルスであってその血清亜型が新型インフルエンザ等感染症の病原体に変異するおそれが高いものの血清亜型として政令で定めるものであるものに限る） | 治癒するまで | |
| 第二種 | 空気感染又は飛沫感染するもので、児童生徒等のり患が多く、学校において流行を広げる可能性が高い感染症を規定している。 | インフルエンザ（特定鳥インフルエンザを除く） | 発症した後5日を経過し、かつ、解熱した後2日（幼児にあっては、3日）を経過するまで | ※1 |
| | | 百日咳 | 特有の咳が消失するまでまたは5日間の適正な抗菌性物質製剤による治療が終了するまで | |
| | | 麻しん | 解熱した後3日を経過するまで | |
| | | 流行性耳下腺炎 | 耳下腺、顎下腺または舌下腺の腫脹が発現した後5日を経過し、かつ、全身症状が良好になるまで | |
| | | 風しん | 発しんが消失するまで | |
| | | 水痘 | すべての発しんが痂皮化するまで | |
| | | 咽頭結膜熱 | 主要症状が消退した後2日を経過するまで | |
| | | 結核 | 病状により学校医その他の医師において感染のおそれがないと認めるまで | |
| | | 髄膜炎菌性髄膜炎 | | |
| 第三種 | 学校教育活動を通じ、学校において流行を広げる可能性がある感染症を規定している。 | コレラ、細菌性赤痢、腸管出血性大腸菌感染症、腸チフス、パラチフス、流行性角結膜炎、急性出血性結膜炎、その他の感染症…… | 病状により学校医その他の医師において感染のおそれがないと認めるまで | |
| | | 〈下記はその他の感染症の主なもの〉<br>溶連菌感染症、ウイルス性肝炎、手足口病、伝染性紅斑（りんご病）、マイコプラズマ感染症、ヘルパンギーナ、流行性嘔吐下痢症、アタマジラミ、伝染性軟属腫（水いぼ）、伝染性膿痂疹（とびひ） | 「その他の感染症」として出席停止の指示をするかどうかは、感染症の種類や各地域、学校における感染症の発生・流行の態様等を考慮の上で判断する必要があり、あらかじめ特定の疾患を定めてあるものではない。 | |

※1　ただし、病状により学校医その他の医師において感染のおそれがないと認めたときは、この限りではない。
○出席を停止させようとする場合、高校生以上は本人に、中学生以下の児童生徒は保護者に指示しなければならない。

※新型コロナウイルス等、新型の感染症に関しては、出席停止等の取り扱いや臨時休業の実施については感染状況によって異なるため、国や各自治体からの情報を基に対応します。

（令和5年3月現在）

○ 学校における感染症の分類やその対応について理解できたか。

# 12b ★★★ 感染症とその対応

養護教諭は、衛生管理と保健教育を通して感染症の対応に携わります。

（１）学校における感染症の予防法と発生時の措置・体制について理解する。
（２）感染症の正確な情報収集の方法について理解する。
（３）保健教育を通した感染症の予防について理解する。

（１）実習校における感染症発生時の措置・体制を知る。
　・感染症発生時の校内体制について
（２）正しい手洗い、消毒、嘔吐物処理について実習する。
（３）感染症の正確な情報収集を実際に行う。
　・厚生労働省、文部科学省、学校医や教育委員会からの情報
（４）保健教育を通した感染症の予防について学ぶ。
　・手洗い等の日常的な予防法、健康診断時の保健教育
　・保健委員会活動
　・人権教育

**ワンポイントアドバイス**

学校における感染症対策は、危機管理体制の重要な視点であることを伝えましょう。

## 資料1 排泄物・嘔吐物の処理

ふん便や嘔吐物の処理は、処理をする人自身への感染と、施設内への汚染拡大を防ぐため、適切な方法で、迅速、確実に行うことが必要です。

**あらかじめ準備しておく物品**
使い捨て手袋、マスク、ガウンやエプロン、拭き取るための布やペーパータオル、ビニール袋、次亜塩素酸ナトリウム、専用バケツ、その他必要な物品

**1** 汚染場所に関係者以外の人が近づかないようにします。処理をする人は使い捨て手袋とマスク、エプロンを着用します。

**2** 嘔吐物は使い捨ての布やペーパータオル等で外側から内側に向けて、拭き取り面を折り込みながら静かに拭い取ります。

同一面でこすると汚染を広げるので注意してください。

**3** 使用した使い捨てのペーパータオル等はすぐにビニール袋に入れて処分します。

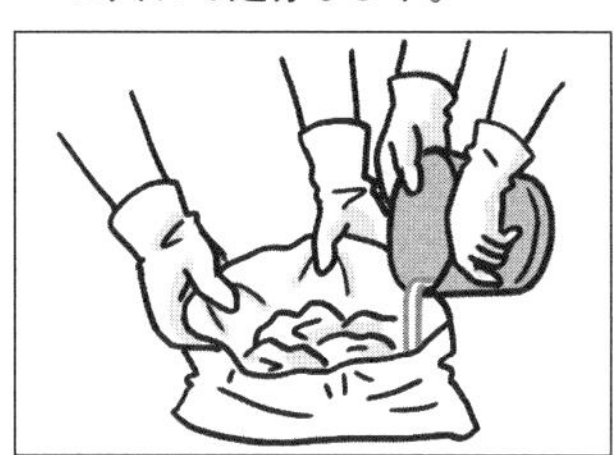

ビニール袋に0.1%次亜塩素酸ナトリウムを染み込む程度に入れて消毒しましょう。

**4** 嘔吐物が付着していた床とその周囲を、0.1%次亜塩酸ナトリウムを染み込ませた布やペーパータオル等で覆うか、浸すように拭きます。

次亜塩素酸ナトリウムは鉄などの金属を腐食させるので、拭き取って10分程度たったら水拭きします。

**5** 使用した着衣は廃棄が望ましいですが、消毒する場合は次の手順で行います。① 付着した嘔吐物を取り除く（手袋着用）。② 熱湯につけるか、0.02%の次亜塩素酸ナトリウムに30～60分つける。③ 他のものと別に洗濯機で洗濯する。

**6** 手袋は、付着した嘔吐物が飛び散らないよう、表面を包み込むように裏返してはずします。手袋は、使った布などと同じように処分します。

処理後は手袋をはずして手洗いをします。

●その他の留意点
・嘔吐物処理後は、調理や配膳などに従事しない
・可能ならば、嘔吐物処理後にシャワーを浴びるのが望ましい

**ポイント**
■ 嘔吐物を処理した後48時間は感染の有無に注意してください
■ 嘔吐物の処理時とその後は、大きく窓を開けるなどして換気し、換気設備がある場合には必ず運転させてください

参考文献：『社会福祉施設等におけるノロウイルス対応標準マニュアル（第3版）』東京都福祉保健局（2016）

嘔吐物処理について、担任、養護教諭、主事等の役割分担や、授業中、給食中、教室、トイレ等の場面ごとの動き、嘔吐物処理セットの内容と保管場所について職員に周知します。

**12b 評価**

○ 学校感染症について理解できたか。
○ 学校における感染症の予防法と発生時の体制について理解できたか。
○ 感染症の正確な情報収集の方法について理解できたか。

## 資料2 感染症対策

新型コロナウイルスを含む感染症対策の基本は、
「手洗い」や「マスクの着用を含む咳エチケット」です。

### ①手洗い

**正しい手の洗い方**

手洗いの前に
・爪は短く切っておきましょう
・時計などははずしておきましょう

①
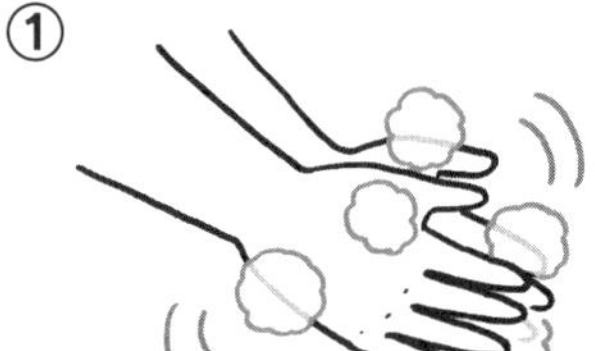
流水でよく手をぬらした後、石けんをつけ、手のひらをよくこすります。

②
手の甲を伸ばすようにこすります。

③

指先・爪の間を念入りにこすります。

④

指の間を洗います。

⑤

親指と手のひらをねじり洗いします。

⑥

手首も忘れずに洗います。

### ②咳エチケット

**3つの咳エチケット** 電車や学校など人が集まるところでやろう

×

何もせずに
咳やくしゃみをする

マスクを着用する
（口・鼻を覆う）

ティッシュ・ハンカチで
口・鼻を覆う

袖で口・鼻を覆う

×

咳やくしゃみを
手でおさえる

**正しいマスクの着用**

①

鼻と口の両方を確実に覆う

②

ゴムひもを耳にかける

③

隙間がないよう鼻まで覆う

## 資料３ 感染症を予防する方法

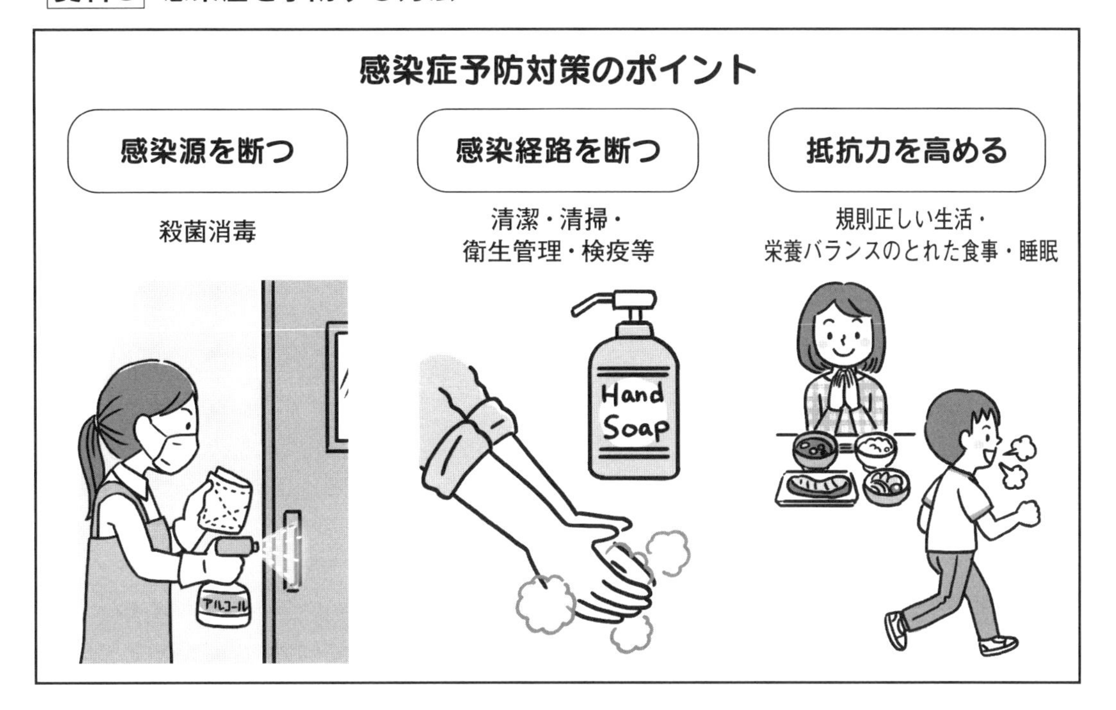


## 資料４ 新型コロナウイルスの３つの顔を知ろう！

感染症による差別や偏見を防ぐため、感染症に関する正しい知識や確かな情報を得ることや、差別的な言動に同調しないことなど、保健教育を行うことが大切です。

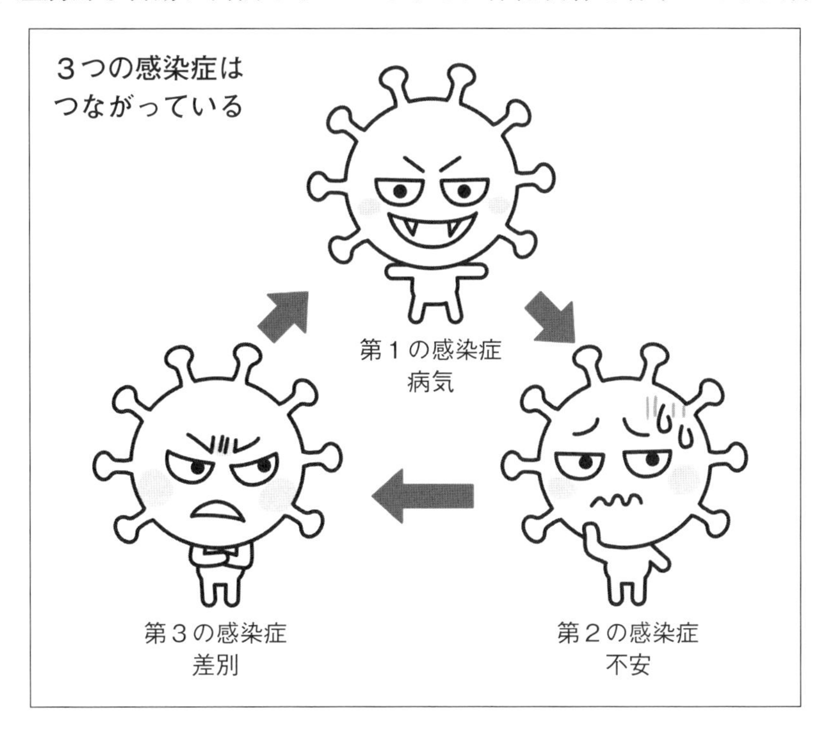

# 13 ★★★ 食物アレルギー対応

食物アレルギーは、生命に関わる場合もあり、管理を要する疾患です。学校においては、児童生徒が食材・食物を扱う活動を安全に過ごせるよう、家庭・学校・医療機関等の地域の関係機関と連携し、共通認識をもって組織的に対応することが重要です。

養護教諭は、食物アレルギーについての保健調査や管理方法、緊急時対応、児童生徒への保健教育等に携わります。

**ねらい**

（１）食物アレルギー・アナフィラキシーについて理解する。
（２）学校における管理方法について理解する。
（３）誤食や症状発症時の緊急時対応について理解する。
（４）保健教育を通した食物アレルギー対応を理解する。

**実習方法**

（１）栄養教諭・学校栄養職員から食物アレルギーの対応について、講話を受ける。
- 食材・食物を扱う活動を確認する。（給食、調理実習、実験、クラブ、部活動、文化祭、校外学習、宿泊行事、直接喫食しなくても接触等で発症の可能性がある行動等）
- 給食調理、提供方法

（２）学級において学校給食を体験する。
- 配膳方法、喫食のルール

（３）学校生活管理指導表について学ぶ。

（４）緊急時対応について学ぶ。
- 誤食、症状発症時の教職員の役割分担と動きを確認する
- 薬の管理方法、アドレナリン自己注射製剤（エピペン®）投与方法

（５）保健教育の内容を考える。
- 好き嫌いとアレルギーで食べられないこととの違い
- 食品表示
- 人権教育

## ● 食物アレルギーについて

〈症状〉

皮膚症状・呼吸器症状・粘膜症状・消化器症状・ショック症状など。

〈対応〉

症状が出現した場合には、速やかに適切な対処を行うことが重要です。じんましんなどの軽い症状に対しては、冷却や抗ヒスタミン薬の内服と経過観察により回復することもあります。呼吸困難・嘔吐・ショックなどの中等症から重症の症状には、アナフィラキシーを想定し、血圧低下を防ぐために足を高くして安静にし、本人がアドレナリン自己注射製剤（エピペン®）を所持している場合には使用して救急搬送をします。

## ● アナフィラキシーについて

〈症状とその対応〉

アレルギー反応により、じんましんなどの皮膚症状、腹痛や嘔吐などの消化器症状、息苦しい、ぜーぜー、呼吸困難などの呼吸器症状が、複数同時にかつ急激に出現した状態をアナフィラキシーといいます。その中でも、血圧が低下して意識の低下や脱力を来たすような場合を、アナフィラキシーショックと呼び、5分以内にエピペン®を打つと同時に救急車を呼びます。

〈原因〉

食物以外に昆虫刺傷、医薬品、ラテックス（天然ゴム）なども原因となる場合があります。また、特定の食物を食べた後に運動したときに起こる症状を食物依存性運動誘発アナフィラキシーといいます。

## ● 食物アレルギーの調査について

〈学校生活管理指導表〉

入学、転入時の保健調査や新規発症時等において、アレルギー疾患のある児童生徒に対し、医師による記載のうえ、学校生活管理指導表（アレルギー疾患用）を提出してもらいます。その後、食物アレルギー対応委員会で保護者と協議のうえ、学校での管理や緊急時対応について確認、決定します。教職員にも周知し、学校全体で組織的に対応できるように備えます。

**ワンポイントアドバイス**

食物アレルギー対応は、給食以外の教育活動においても管理を要する場合があります。宿泊を伴う行事をはじめ、学校行事予定や、食に関する年間指導計画を準備し、管理や事前指導を要する教育活動を確認しましょう。

**13 評価**

○ 食物アレルギーについて理解できたか。

○ 学校における管理方法と緊急時対応について理解できたか。

○ 保健教育の内容を考えることができたか。

# 資料　学校生活管理指導表（アレルギー疾患用）

## 表　学校生活管理指導表（アレルギー疾患用）

名前＿＿＿＿＿＿＿＿（男・女）＿＿年＿＿月＿＿日生　＿＿年＿＿組　　提出日＿＿年＿＿月＿＿日

※この生活管理指導表は、学校の生活において特別な配慮や管理が必要となった場合に医師が作成するものです。

### アナフィラキシー（あり・なし）／食物アレルギー（あり・なし）

**病型・治療**

**A 食物アレルギー病型（食物アレルギーありの場合のみ記載）**
1. 即時型
2. 口腔アレルギー症候群
3. 食物依存性運動誘発アナフィラキシー

**B アナフィラキシー病型（アナフィラキシーの既往ありの場合のみ記載）**
1. 食物（原因　　）
2. 食物依存性運動誘発アナフィラキシー
3. 運動誘発アナフィラキシー
4. 昆虫（　　）
5. 医薬品（　　）
6. その他（　　）

**C 原因食物・除去根拠**　該当する食品の番号に○をし、かつ《　》内に除去根拠を記載
1. 鶏卵《　》
2. 牛乳・乳製品《　》
3. 小麦《　》
4. ソバ《　》
5. ピーナッツ《　》
6. 甲殻類《　》（すべて・エビ・カニ）
7. 木の実類《　》（すべて・クルミ・カシュー・アーモンド）
8. 果物類《　》（　）
9. 魚類《　》（　）
10. 肉類《　》（　）
11. その他1《　》（　）
12. その他2《　》（　）

[除去根拠] 該当するもの全てを《　》内に記載
① 明らかな症状の既往　② 食物経口負荷試験陽性
③ IgE抗体等検査結果陽性　④ 未摂取

（　）に具体的な食品名を記載

**D 緊急時に備えた処方薬**
1. 内服薬（抗ヒスタミン薬、ステロイド薬）
2. アドレナリン自己注射薬（「エピペン®」）
3. その他（　　）

**学校生活上の留意点**

**A 給食**
1. 管理不要　2. 管理必要

**B 食物・食材を扱う授業・活動**
1. 管理不要　2. 管理必要

**C 運動（体育・部活動等）**
1. 管理不要　2. 管理必要

**D 宿泊を伴う校外活動**
1. 管理不要　2. 管理必要

**E 原因食物を除去する場合により厳しい除去が必要なもの**

※本欄に○がついた場合、該当する食品を使用した料理については、給食対応が困難となる場合があります。

鶏卵：卵殻カルシウム
牛乳：乳糖・乳清焼成カルシウム
小麦：醤油・酢・味噌
大豆：大豆油・醤油・味噌
ゴマ：ゴマ油
魚類：かつおだし・いりこだし・魚醤
肉類：エキス

**F その他の配慮・管理事項(自由記述)**

**【緊急時連絡先】**
★保護者
電話：
★連絡医療機関
医療機関名：
電話：

記載日　年　月　日
医師名　㊞
医療機関名

### 気管支ぜん息（あり・なし）

**病型・治療**

**A 症状のコントロール状態**
1. 良好　2. 比較的良好　3. 不良

**B-1 長期管理薬（吸入）**　薬剤名　投与量／日
1. ステロイド吸入薬（　）（　）
2. ステロイド吸入薬／長時間作用性吸入ベータ刺激薬配合剤（　）（　）
3. その他（　）（　）

**B-2 長期管理薬（内服）**　薬剤名
1. ロイコトリエン受容体拮抗薬（　）
2. その他（　）

**B-3 長期管理薬（注射）**　薬剤名
1. 生物学的製剤（　）

**C 発作時の対応**　薬剤名　投与量／日
1. ベータ刺激薬吸入（　）（　）
2. ベータ刺激薬内服（　）（　）

**学校生活上の留意点**

**A 運動（体育・部活動等）**
1. 管理不要　2. 管理必要

**B 動物との接触やホコリ等の舞う環境での活動**
1. 管理不要　2. 管理必要

**C 宿泊を伴う校外活動**
1. 管理不要　2. 管理必要

**D その他の配慮・管理事項(自由記述)**

**【緊急時連絡先】**
★保護者
電話：
★連絡医療機関
医療機関名：
電話：

記載日　年　月　日
医師名　㊞
医療機関名

（公財）日本学校保健会 作成

## 裏　学校生活管理指導表（アレルギー疾患用）

名前＿＿＿＿＿＿＿＿（男・女）＿＿年＿＿月＿＿日生　＿＿年＿＿組　　提出日＿＿年＿＿月＿＿日

### アトピー性皮膚炎（あり・なし）

**病型・治療**

**A 重症度のめやす（厚生労働科学研究班）**
1. 軽症：面積に関わらず、軽度の皮疹のみ見られる。
2. 中等症：強い炎症を伴う皮疹が体表面積の10%未満に見られる。
3. 重症：強い炎症を伴う皮疹が体表面積の10%以上、30%未満に見られる。
4. 最重症：強い炎症を伴う皮疹が体表面積の30%以上に見られる。

*軽度の皮疹：軽度の紅斑、乾燥、落屑主体の病変
*強い炎症を伴う皮疹：紅斑、丘疹、びらん、浸潤、苔癬化などを伴う病変

**B-1 常用する外用薬**
1. ステロイド軟膏
2. タクロリムス軟膏（「プロトピック®」）
3. 保湿剤
4. その他（　　）

**B-2 常用する内服薬**
1. 抗ヒスタミン薬
2. その他（　　）

**B-3 常用する注射薬**
1. 生物学的製剤

**学校生活上の留意点**

**A プール指導及び長時間の紫外線下での活動**
1. 管理不要　2. 管理必要

**B 動物との接触**
1. 管理不要　2. 管理必要

**C 発汗後**
1. 管理不要　2. 管理必要

**D その他の配慮・管理事項(自由記述)**

記載日　年　月　日
医師名　㊞
医療機関名

### アレルギー性結膜炎（あり・なし）

**病型・治療**

**A 病型**
1. 通年性アレルギー性結膜炎
2. 季節性アレルギー性結膜炎（花粉症）
3. 春季カタル
4. アトピー性角結膜炎
5. その他（　　）

**B 治療**
1. 抗アレルギー点眼薬
2. ステロイド点眼薬
3. 免疫抑制点眼薬
4. その他（　　）

**学校生活上の留意点**

**A プール指導**
1. 管理不要　2. 管理必要

**B 屋外活動**
1. 管理不要　2. 管理必要

**C その他の配慮・管理事項（自由記載）**

記載日　年　月　日
医師名　㊞
医療機関名

### アレルギー性鼻炎（あり・なし）

**病型・治療**

**A 病型**
1. 通年性アレルギー性鼻炎
2. 季節性アレルギー性鼻炎（花粉症）

主な症状の時期：　春　、　夏　、　秋　、　冬

**B 治療**
1. 抗ヒスタミン薬・抗アレルギー薬（内服）
2. 鼻噴霧用ステロイド薬
3. 舌下免疫療法（ダニ・スギ）
4. その他（　　）

**学校生活上の留意点**

**A 屋外活動**
1. 管理不要　2. 管理必要

**B その他の配慮・管理事項（自由記載）**

記載日　年　月　日
医師名　㊞
医療機関名

学校における日常の取組及び緊急時の対応に活用するため、本票に記載された内容を学校の全教職員及び関係機関等で共有することに同意します。

保護者氏名＿＿＿＿＿＿＿＿

（公財）日本学校保健会 作成

出典：公益財団法人日本学校保健会ホームページ（2019）

## ● 教職員向け研修

全教職員がアレルギー疾患やアナフィラキシーの正しい知識をもち、緊急時に備えて、校内全体で研修と実践的な訓練を行います。

エピペン®を処方されている児童生徒に関わらず、新たに発症する場合もあるため、いつでもどこでも誰でも対応できるように備えることが重要であることを周知します。

〈内容〉

・アレルギー、アナフィラキシーについて
・アレルギー対応児童生徒の情報
・学校での管理方法
・給食の配膳方法
・緊急時対応シミュレーション、アドレナリン自己注射製剤（エピペン®）の使用方法、心肺蘇生法、AED使用方法

## ● 保健教育〈小学校の例〉

児童に対しての保健教育を通し、アレルギーのある児童への理解を深めることも重要です。

〈内容〉

・アレルギーで食べられないことと好き嫌いで食べられないこととの違い
・体調不良の児童がいた際は、近くの大人に助けを求めること
・給食時の除去食対応は差別ではなく命を守るために行っていること

### 食物アレルギー表示対象品目

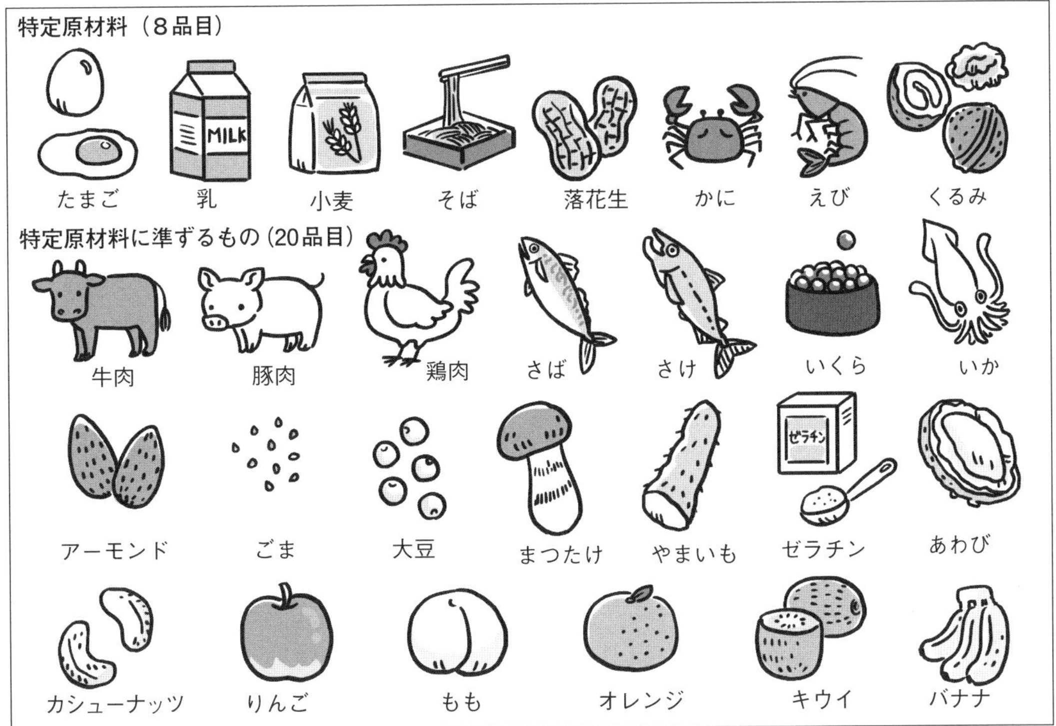


「食品表示法」に基づく食品表示基準（2023）より

# 14 ★★ 不登校児童生徒への対応及び支援

文部科学省の定義では、不登校とは、「何らかの心理的、情緒的、身体的あるいは社会的要因・背景により、児童・生徒が登校しないあるいはしたくてもできない状況であるために連続又は断続して年間30日以上欠席したもの」とされています。

平成９年の保健体育審議会答申において、養護教諭は「児童生徒の身体的不調の背景、いじめや不登校、虐待などの問題が関わっていること等のサインにいち早く気付くことができる立場にある。」と提言されています。心の問題と身体症状に関する知識理解、心身の観察の仕方や受け止め方についての確かな判断力・対応力、健康に関する現代的課題解決のための情報収集能力と健康問題を捉える力量や解決のための指導力など、養護教諭の専門性を生かしながらも、一人で抱えることなく校内及び関連機関と連携しながら組織で不登校児童生徒への対応及び支援を行っていくことが重要です。

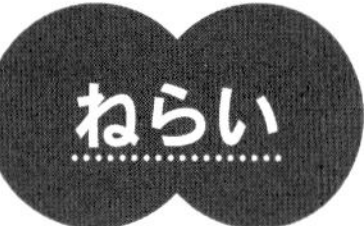


（１）不登校や保健室登校等の背景にある課題を理解する。
（２）不登校対応・支援に関する校内組織及び地域の関係諸機関について理解する。
（３）養護教諭の専門性を生かした不登校対応や支援について理解する。

**実習方法**

（１）実習校における不登校児童生徒の実態について知る。
（２）事例を元に、校内及び関係機関と連携した対応や支援について考え、養護教諭としてどのような働きかけを行えばよいかをまとめる。

### ● 組織的な支援について

不登校児童生徒への支援は、不登校対策委員会など、校内で支援チームを組織して取り組んでいくことが大切です。

不登校の問題を学級担任が一人で抱え込まないように、また、さまざまな立場の援助者が連携・協力することで、必要な情報を共有して適切な対応を考え出すこともできます。 管理職や不登校支援の核となる教職員を中心として不登校の問題に対応できる体制を確立することが重要です。

## ● 不登校対策委員会組織図〈例〉

※１　校務分掌として、不登校対策の中心的な役割を担う「不登校担当教員」を指名している学校もあります。
※２　スクールソーシャルワーカー

### ワンポイントアドバイス

自治体や学校によっては、心身の不調等の理由により教室で授業を受けることができない児童生徒のために、別室登校ができるように校内の環境整備を行ったり、保健室登校として支援するために教職員の共通理解を図ったりしている場合もあります。また、各学校において GIGA スクール構想[※3]によって整備された学習者用情報端末（ICT 端末）などを活用してオンライン授業を実施するなど、１人１台の学習者用端末を活用した不登校児童・生徒への効果的な支援も広がってきています。

保健室登校とは　「養護教諭が行う健康相談活動の進め方」（財）日本学校保健会　より
「常時保健室にいるか、特定の授業には出席できても、学校にいる間は主として保健室にいる状態」

※３　GIGA スクール構想とは、全国の児童・生徒１人に１台のコンピューターと高速ネットワークを整備する文部科学省の取り組み。

**14 評価**

- ○ 不登校や保健室登校等の背景にある課題を理解できたか。
- ○ 組織対応の重要性を理解し、連携方法についてシミュレーションすることができたか。
- ○ 養護教諭の専門性を生かした不登校対応・支援について理解できたか。

# 15a ★★ 特別支援教育 ―特別な教育的ニーズのある児童生徒への支援―

通常の学級で担任が指導に悩んだら、児童生徒の特別なニーズに気づく機会としたいものです。それぞれの児童生徒のよさを見つけ、そのことを認める教師の態度が大切です。学習面、生活面、行動面等のつまずきを理解し、安心できる居場所づくりを心がけることが求められています。それには、常に指導者側の障がいに対する理解や認識を深める研修等が大事です。なぜなら、発達障がい等はその子の発達段階により、表れる障がいがさまざまだからです。

**特別支援教育とは**

「これまでの特殊教育の対象の障害だけでなく、その対象でなかったＬＤ、ＡＤＨＤ、高機能自閉症も含めて障害のある児童生徒に対してその一人一人の教育的ニーズを把握し、当該児童生徒の持てる力を高め、生活や学習上の困難を改善又は克服するために、適切な教育や指導を通じて必要な支援を行うものである。」

『小・中学校におけるＬＤ（学習障害）、ＡＤＨＤ（注意欠陥多動性障害）、高機能自閉症の児童生徒への教育支援体制の整備のためのガイドライン（試案）』文部科学省（2004）

☆特別支援教育コーディネーターは校長が指名します。
　養護教諭が指名されて、活動の推進を図っている学校もあります。

## ● 校内でそれぞれの立場で、こんな場面に出会い、悩むことがあります。

（1）特別支援教育の果たす役割を理解する。
（2）保健室活動での児童生徒の健康観察の組織への生かし方や情報提供の仕方、「合理的配慮」について理解する。
（3）障がいやつまずきの理解と手立てなどは、特別支援教育コーディネーターや担任との連携が大切なことを理解する。
（4）ユニバーサルデザインの視点を取り入れた教育活動の必要性を理解する。

**実習方法**

（1）実習校の体制をもとに印刷物の活用をして、事例を示して考える。
（2）特別支援教育と養護教諭との関わりについて、特別支援教育コーディネーターから講話を受ける。
（3）特別支援教室を見学する。

## ● 発達障がいやつまずきには、どんな特性があるのでしょうか？（代表的なもの）

境界線上の児童生徒に出会うこともあります。特性を知ることによってその子に合った支援や手立てが見えてくることもあります。

**ＬＤ… 限局性学習症**
基本的には、知的発達に遅れはないが聞く、読む、話す、書く、計算する、推論するのうち、特定のものの習得に著しい困難を示す状態が見られる。認知のアンバランスあり。
**つまずきに応じた指導方法の工夫をするとよい。**

**ＡＤＨＤ… 注意欠如・多動症**
①不注意…注意が持続しない
②多動性…じっとしていない・手足がそわそわ
③衝動性…出し抜けに答える・順番が待てない
叱責されることが多く、自信喪失になりやすい
**自信や意欲を失わないよう配慮することが大切。**

**ASD…自閉スペクトラム症**
コミュニケーションがうまく取れない…言葉の遅れ、言葉のオウム返し、字義通りの言語理解、会話が成り立たない
人との関わりが苦手…視線を合わせられない、他者と関心や感情を共有できない、人との関わりが一方的
強いこだわり…興味や関心が深く特定のものにこだわる
感覚刺激に対する過敏や鈍感さ…周囲の音に耐えられずヘッドフォンが必要になる
これらが特性の障がい。どんな見方や感じ方をしているのか、理解を深める努力が必要。これまでは、自閉症、広汎性発達障害、アスペルガー症候群などの名称で呼ばれたが、近年は自閉スペクトラム症にまとめられるようになった。学校では、他の子どもと平等に学べるように「合理的配慮」をすることが義務化されている。

**ワンポイントアドバイス**

文部科学省のガイドラインなどを参考に、各自治体での取り組みや活動などを説明し、流れを知らせておくとよいでしょう。

**15a 評価**

○ 支援を必要とする児童生徒への教育的関わりについて理解できたか。
○ つまづきや障がいの内容について理解や認識を深めることができたか。
○ ユニバーサルデザインの視点を取り入れた教育活動の必要性を理解できたか。

# 15b ★★ 特別支援教育 ―保護者との連携―

障がいのある児童生徒の一人ひとりの能力や個性に応じて、適切な教育支援を行い、通常の学級も含めて、学校全体で関わるインクルーシブ教育システム※の推進が求められています。

そこでは、保護者との連携が大変重要になってきます。養護教諭も親子面談に関わることがあります。

また、担任が児童生徒のつまずきに気づいても、保護者の理解を得る対応の難しさに頭を悩ませる姿が見られます。そんなとき、スクールカウンセラーや巡回相談員の協力を求めながら、特別支援教育コーディネーターとともに養護教諭が保護者との面談に同席することがあります。

保護者への基本的な対応の仕方や配慮点を指導します。

※インクルーシブ教育システム…「人間の多様性の尊重等の強化、障害者が精神的及び身体的な機能等を最大限度まで発達させ、自由な社会に効果的に参加することを可能とするとの目的の下、障害のある者と障害のない者が共に学ぶ仕組みであり、障害のある者が一般的な教育制度から排除されないこと、自己の生活する地域において初等中等教育の機会が与えられること、個人に必要な「合理的配慮」が提供される等が必要」とされています。

「中央教育審議会初等中等教育分科会報告」文部科学省（2012）

## ねらい

（1）伝え方が一方的にならないためには、どんな接し方がよいのかを理解する。

（2）信頼関係を築くためには、相手の立場に立って話す、聞く、接することを理解する（保護者の気持ちに寄り添う）。

（3）児童生徒のつまずきの情報を整理して臨むことと、支援関係機関の資料を準備しておくことができるようにする。

（4）面談では、あせらずゆっくり進めていくことが大切であることを理解する（ケースによっては、長期になることもある）。

## 実習方法

（1）役割を決めて、面談（ケース別）の演習をする。
- ・それぞれの立場に立って気持ちを振り返る。

（2）保護者の気持ちを和らげる配慮には、どのようなことがあるかを考える。
- ・座る位置や面談場所
- ・接し方の基本
- ・児童生徒の観察情報や支援内容の準備

## ● 保護者と連携する際の留意点

**保護者との信頼関係を築くことが大切です。**

信頼関係の築きができていないとうまくいかないことを肝に銘じておきましょう。安心と安定を図る努力が必要です。「障がい」という言葉に傷つく保護者もいます。何気ない一言で、うれしくもなり、悲しくもなります。

できるだけ児童生徒のよいところを取り上げて、学校としての努力を伝えていくことが大事です。保護者の気持ちを受け止めながら勇気づけ、一緒に取り組む姿勢を大切にしたいことが伝わるようにしたいものです。

## ● 保護者の理解と協力を得るために

（1）学校での実態を知らせる。または、状態に気づかせる。

　＊自由に頻繁に来校してもらうなど、児童生徒の状況がわかるような働きかけをする。

（2）特別支援教育コーディネーター、スクールカウンセラー、スクールソーシャルワーカー、巡回相談員等と連携して、保護者との面談や支援に必要な情報を保護者に提供してもらう。

（児童生徒を取り巻く大人側が環境を整えていくことが重要で、一人で悩まない）

（3）保護者への言葉がけのポイント

　＊保護者の安心につながる言葉や信頼が深まる言葉を選ぶ。

　＊保護者が元気になる言葉や、保護者と児童生徒がよい関係になれる言葉を選ぶ。

**ワンポイントアドバイス**

保護者の気持ちを受け止め、共感する姿勢と、児童生徒をともに育てていくという姿勢で接することが、信頼関係を築く第一歩です。日常の保健室活動の中で、保護者との対応や健康相談での面談にも役立ちます。

15b
**評価**

○ 保護者の気持ちを少しでも理解しようとしているか。

○ 保護者への働きかけや信頼関係の築きについて理解できたか。

# 16 ★★ 学校給食

小学校学習指導要領解説の特別活動編の中の学級活動において、「食育の観点を踏まえた学校給食と望ましい食習慣の形成」として以下のように示されており、養護教諭は、児童生徒の健康安全に関する指導と衛生管理に携わります。
「給食の時間は、楽しく食事をすること、健康によい食事のとり方、給食時の清潔、食事環境の整備などに関する指導により、望ましい食習慣の形成を図るとともに、食事を通してよりよい人間関係の形成を図る。そして、適切な給食時間を確保した上で、給食の準備から後片付けを通して、計画的・継続的に指導する必要がある。また、食を取り巻く社会環境の変化により、栄養摂取の偏りや欠食といった食習慣の乱れ等に起因する肥満などの生活習慣病、食物アレルギー等の問題が指摘される現在、家庭との連携が今後更に重要になる。心身の健康に関する内容にとどまらず、自然の恩恵への感謝、食文化、食料事情などについても各教科等との関連を図りつつ指導を行うことが重要である。
これらの指導に当たっては、栄養教諭の専門性を生かしつつ、学校栄養職員や養護教諭などの協力を得て指導にあたることも必要である。」

出典：『小学校学習指導要領（平成29年告示）解説特別活動編』文部科学省

（1）学校給食の意義や校内体制について理解する。
（2）学校給食における、感染症や事故の予防と対応について理解する。
（3）学校給食に関わる保健教育について理解する。

（1）学級に入り、児童生徒と学校給食を体験する。
（2）給食時間に児童生徒とともに、配膳、食事をする。
（3）栄養教諭・学校栄養職員より、学校給食について講話を受ける。
・食中毒や感染症予防のための方法や対策について
・学校薬剤師との連携について
・食物アレルギー対応について
（4）学校給食に関わる保健教育を考える。
・衛生管理：手洗い、マスク、身支度
・食育：あいさつ、栄養、食事のマナー

## ● 学校薬剤師による学校環境衛生検査

学校の環境衛生については、日々の衛生管理に加えて学校保健安全法第６条第１項の規定に基づき、定期的に学校薬剤師と連携し、衛生管理を行うことで安全な学校給食の提供に努めています。

〈検査項目〉

給食調理器具・食器（包丁の柄、ざる、熱風食器消毒保管庫内の食器)、手指等の大腸菌検査工程表、食品検収表等の点検。

## ● 栄養教諭・学校栄養職員と連携した保健教育

学校給食年間指導計画〈小学校の例〉

| 月 | 給食目標 | 指導目標 | | |
|---|---|---|---|---|
| | | 低学年 | 中学年 | 高学年 |
| 4 | 給食の準備や片付けを上手に行う | 準備や片付けの仕方を覚える | 協力して準備や片付けをする | 手際よく準備や片付けをする |
| 5 | 食事のマナーを身につける | 正しい姿勢で食べる | 食器の扱いなどの食事のマナーを身につける | 正しいマナーで食事をする |
| 6 | 衛生に気をつけて食事をする | 正しい手洗い方法を身につける | 身の回りを清潔にして食事をする | 衛生的な食べ物の取り扱いについて知る |

学校給食年間指導計画を基に、栄養教諭や学校栄養職員と連携しながら保健教育を行うことも大切です。

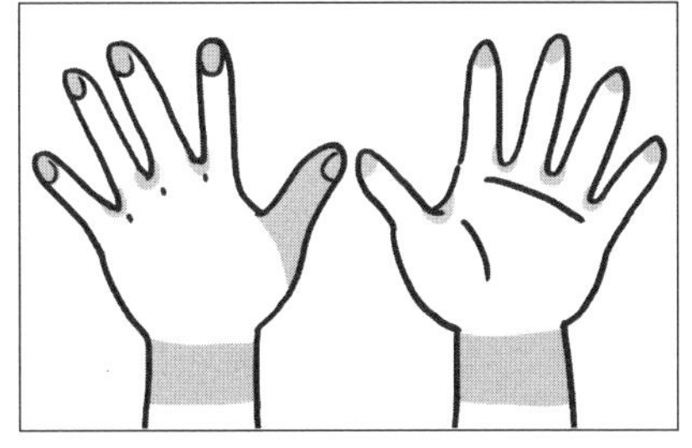

**ワンポイントアドバイス**

給食の時間は、児童生徒理解の場にもなります。食事の様子から、小食や偏食、孤食、虐待の兆候を把握できる場合があります。担任と情報共有しながら、保健教育や支援に繋げることが大切です。

**16 評価**

○ 学校給食の意義や養護教諭としての関わり方を理解できたか。
○ 学校給食における衛生管理や事故防止の方法について理解できたか。
○ 学校給食に関わる保健教育について理解できたか。

# ★★★ 健康相談

保健室には、毎日、さまざまな訴えをもって児童生徒が来室します。養護教諭は、児童生徒が訴える身体的不調から、その背景にいじめや不登校傾向などの心の健康問題が関わっていることのサインにいち早く気づく立場にあります。

したがって、健康相談活動の趣旨、プロセスを十分に理解し、養護教諭がもつ子どもの心身の健康に関する専門性を十分に生かした対応が不可欠なのです。

**健康相談の定義**

「養護教諭の行う健康相談活動は、養護教諭の職務の特質や保健室の機能を十分に生かし、児童生徒の様々な訴えに対して、常に心的な要因や背景を念頭に置いて、心身の観察、問題の背景の分析、解決のための支援、関係者との連携など、心や体の両面への対応を行う活動である。」

**〈学校保健安全法〉**

第8条　学校においては、児童生徒等の心身の健康に関し、健康相談を行うものとする。

第9条　養護教諭その他の職員は、相互に連携して、健康相談又は児童生徒等の健康状態の日常的な観察により、児童生徒等の心身の状況を把握し、健康上の問題があると認めるときは、遅滞なく、当該児童生徒等に対して必要な指導を行うとともに、必要に応じ、その保護者（略）に対して必要な助言を行うものとする。

第10条　学校においては、救急処置、健康相談又は保健指導を行うに当たつては、必要に応じ、当該学校の所在する地域の医療機関その他の関係機関との連携を図るよう努めるものとする。

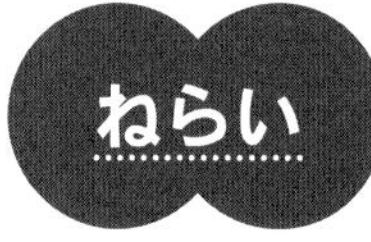

（1）学校保健安全法における養護教諭の役割を理解する。
（2）健康相談の対応方法を理解する。

（1）健康相談の目的、プロセス、方法などについて学ぶ。養護教諭が行う健康相談を参観し、事例や対応方法などについて学ぶ（声かけ、話を聞くなど）。
（2）実際に来室した児童生徒への健康相談を実施する。事例については、事例の概要、養護教諭の対応のポイントをレポートにまとめる。

## ● 健康相談の基本的プロセス

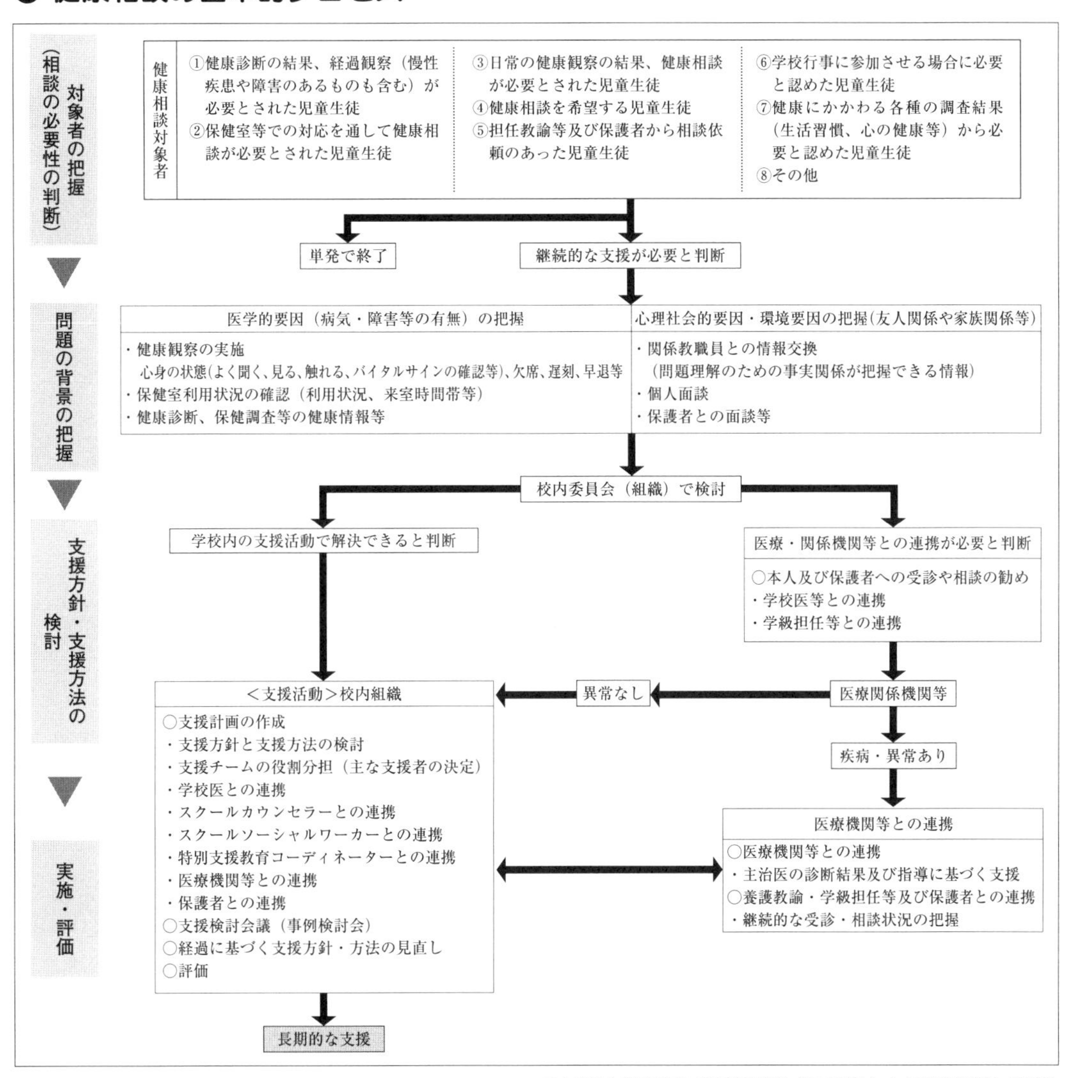


采女智津江編集代表『新養護概説〈第 12 版〉』少年写真新聞社（2022）

**ワンポイントアドバイス**

健康相談は養護教諭の職務として重要ですが、組織的な対応が必要です。校内での連携はもちろん、場合によっては関係機関と連携することも重要です。

**17 評価**

○ 健康相談における養護教諭の役割が理解できたか。
○ 健康相談の対応方法が理解できたか。

# 18 ★★★ 保健指導

平成28年12月21日の中央教育審議会「幼稚園、小学校、中学校、高等学校及び特別支援学校の学習指導要領等の改善及び必要な方策等について」（答申）を踏まえて、学習指導要領等では教科等を分類する用語である「保健学習」「保健指導」の用語を用いた分類は使用せず、教職員や国民が理解できる教科等の名称で説明することになりました。これまで行ってきた養護教諭による保健指導は保健教育の中の「保健室における個別指導や日常の学校での指導」に分類されます。保健指導は、学校保健安全法第９条に示された内容を意味します。

（１）学校保健安全法における保健指導の目的、方法について理解する。
（２）学校医、学校歯科医、学校薬剤師、医療機関等との連携について理解する。

（１）保健室における個別指導を実践する。
（２）健康診断の結果、保健指導を必要とする児童生徒の指導方法を考え、実践する。
（３）日常の学校で必要な保健指導について考え、実践する。

## ●保健指導の目的

個別の保健指導の目的は個々の児童生徒の心身の健康課題の解決に向けて、自分の健康課題に気づき、理解と関心を深め、自ら積極的に解決していこうとする自主的・実践的な態度の育成を図るために行われるものである。

## ●保健指導の主な対象者

① 健康診断の結果、保健指導を必要とする者
② 保健室等での児童生徒の対応を通して、保健指導を必要とする者
③ 日常の健康観察の結果、保健指導を必要とする者
④ 心身の健康に課題を抱えている者
⑤ 健康生活の実践に関して問題を抱えている者
⑥ 心身の健康に関するアンケート調査（生活の調査・いじめ調査等）から保健指導が必要と思われる者
⑦ その他

采女智津江編集代表『新養護概説〈第12版〉』少年写真新聞社（2022）

**保健指導のプロセス**

① 対象者の把握　　・日常の健康観察　・心身の健康に関するアンケート調査結果
　　　　　　　　　・健康診断結果　・保健室利用状況　・教職員間の情報　　等

② 健康問題の把握と目標の設定
　個々の発達段階に応じた目標を設定する。

③ 指導指針・指導計画の作成と役割分担
　指導計画の作成については、関係職員と連携して計画を立て、役割分担を行って実施する。
　保健管理と保健教育を一体化して取り組む。
　（例）食物アレルギーについて学校生活管理指導表を提出している児童
　　　担任・栄養教諭・学校栄養職員と連携し、計画を立てて保健指導を実施する。

④ 実施
　児童生徒に自分の健康問題に気づかせ、理解と関心をもたせる。
　実施前に関係職員と共通理解を図ったうえで実践する。
　必要に応じて、保護者への指導・助言を行う。

⑤ 評価
　自己評価・他者評価とともに、児童生徒本人にも実践後の経過をみて評価させる。

**保健指導実施上の留意点**

① 学級担任及び関係職員との共通理解を図っておく。
② 児童生徒が負担とならない時間の設定、場所の配慮を行う。
③ なるべく、保健室や相談室など児童生徒が話しやすい環境を整える。
④ 家庭や学校医・学校歯科医・学校薬剤師・地域社会と連携が取れるようにする。
⑤ 教科保健や特別活動の保健教育等との関連を図る。

**ワンポイントアドバイス**

保健指導は養護教諭が中核となり、組織的な活動を行ううえで、学校内外でコーディネーターの役割を行うことを理解させましょう。個別の指導においては守秘義務を守るように指導します。

**18 評価**

○ 保健指導の目的や方法について理解できたか。
○ 学校医・学校歯科医・学校薬剤師や医療機関との連携について理解できたか。

# 19 ★★★ 児童生徒理解

児童生徒理解は、心身の健康課題、学習面、生活面等の状況を理解し、個々に合った指導・支援に生かすために必要不可欠な視点であり、養護教諭は、全校児童生徒の情報を把握しておく必要があります。

児童生徒を理解していることで、保健室に来室した際に、その背景にある問題をいち早くキャッチして適切な対応に繋げることができます。保健室だけではなく、教室や職員室等にも出向き、進んで情報を得ることが重要です。

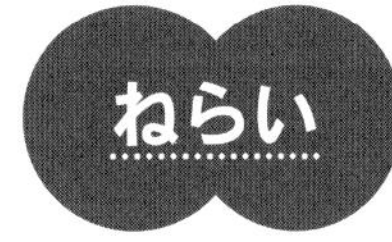


（１）児童生徒理解の場面とその方法について理解する。
（２）学校における児童生徒理解に関わる体制と方法について理解する。

（１）児童生徒理解の場面を参観する。
朝の健康観察・授業の様子・職員室での教職員の会話・給食時間・部活動等
（２）気になる児童生徒（実習校において保健室登校がいた場合には、その児童生徒）について担任や養護教諭から情報を得る。
（３）生活指導主任や特別支援教育コーディネーターから講話を受ける。
・学校における児童生徒理解に関わる体制について（校内委員会、教育相談会、生活指導連絡会）

| 場面 | 内容 |
|---|---|
| 朝の健康観察 | 出欠・遅刻の状況<br>心身の健康課題（感染症・虐待・いじめ・不登校の兆候） |
| 休み時間・授業・委員会・クラブ・部活動 他　学校行事　他 | 他の児童生徒との関わり方<br>学習を受ける態度・学力 |
| 健康診断<br>保健情報 | 健康診断結果・保健調査・学校生活管理指導表からの情報<br>心臓、腎臓疾患、てんかん、アレルギー等 |
| 保健室 | 来室状況<br>児童生徒からの聞き取り（食事、睡眠等生活習慣）<br>保健室登校 |
| 校内委員会<br>教育相談会 | 不登校、心身の健康課題、学習面、生活面の状況<br>スクールカウンセラーからの情報 |

## ● 児童生徒もいろいろな顔をもっている

評定をつけない養護教諭の前と、他の教職員や家族の前とでは、児童生徒の顔が変わることがあります。また、家庭と集団の中、保健室で個別に見る姿でも場面によって様子が違うことがあります。そのため、児童生徒理解のための情報共有の場が必要なのです。

※知り得た情報はあくまでも㊙扱いです。他言は厳禁であることを指導します。ただし、一人で抱え込まず、校内連携が必要であることを理解することが大切です。

### ワンポイントアドバイス

児童生徒理解は、学校のあらゆる場面で養護教諭が高いアンテナを張り巡らせて情報を得るところから始まります。

児童生徒理解のために、全校一人ひとりの顔写真を確認し、名前を覚えることから始めましょう。「きみ」「あなた」ではなく、「山田さん」などと名前で呼ばれることで、先生は自分のことを知ってくれている、という安心感や親近感がわき、信頼関係構築の基盤となります。

**19 評価**

○ 児童生徒理解の場面とその方法が理解できたか。

○ 学校における児童生徒理解に関わる体制と方法について理解できたか。

# 20 ★★★ 1日クラス見学

養護教諭としての基礎基本は、子どもたちの実態を知ることです。小学校の１年生と６年生では、同じ小学生といっても体格の違いはもちろんのこと、その精神発達にも大きな差が見られます。各学年の発育発達の様子を全体的に知る意味で、１年生（低学年）と中学年・６年生（高学年）の各クラスに「１日クラス見学」として登校から下校まで一緒に過ごします。そうすることにより、年齢による発達段階や発育段階の異なる集団そして個人差などの様子を理解できます。それは、個人指導やその後のクラスの保健教育を実施するときに生かすことができます。

（1）１日クラス見学から子どもの実態を理解する。

① 子どもの個人の様子（授業中でもフラフラ立ち歩く・参観者が来ると後ろばかり気にする・やたら話しかけてくる・誰とも話をしない・いつも本ばかり見ている・目を合わせようとしないなど）

② 子どもたちの集団としての様子（クラス全体の元気さ・雰囲気・真剣さ・やる気など）

③ 遊び方や言葉づかいなど、学年の発達や心の働きに応じた日常生活の様子

④ 給食を通して「食生活」の様子（残菜の量・好き嫌いや好み・食欲・食事マナーなど）

⑤ 子どもたちの交友関係（仲がいい子･悪い子･独りぼっちの子など）

⑥ 担任との交流（質問やクラス経営の話を聞くなど）

（1）チェックポイントを押さえてクラスを見学する。

① ポイントを知り、見学をして気づいたことをまとめる。

② 保健室とどのように関わるのか、日常活動で生かせる事柄を考える。

## ● クラス見学のチェックポイント〈小学校〉

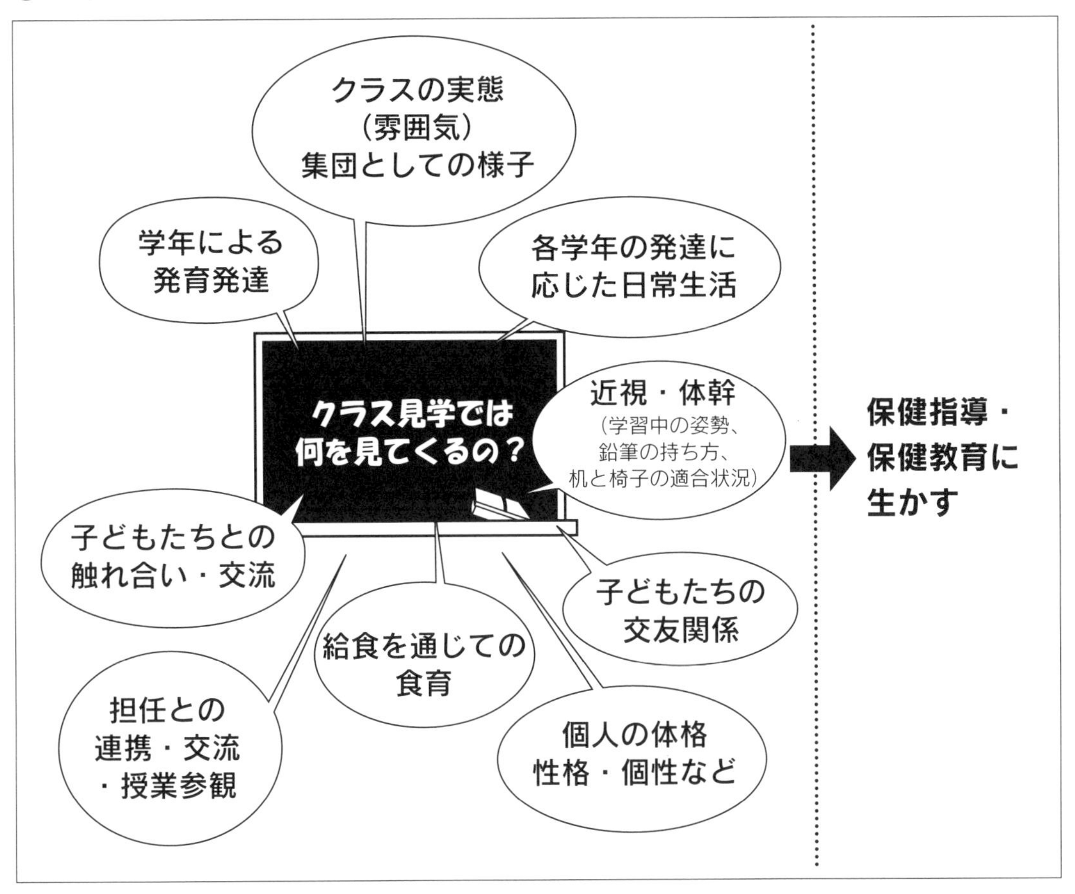


### ワンポイントアドバイス

各担任には指導者から趣旨を説明し、朝の活動から授業参観・休み時間・給食・清掃など、子どもたちとともに体験できるよう事前に連絡し、実習生が気持ちよく過ごせるように配慮します。

また、各教室環境からは、日常の安全点検が生かされているかが観察できます。

**20 評価**

- ○ 学年ごとの男女の違い、個人差、心の動きなど、発育や発達の様子が理解できたか。
- ○ 担任や子どもたちと、積極的な交流が持てたか。
- ○ 教室環境が、安全で安心な場になっていたかを自分の目で確認できたか。

# 21 ★校内連携

学校が複雑化・多様化した課題を解決していくためには「チームとしての学校」であることが大切です。そのために、担任や他の教職員との連携を通して、共通認識のもと組織的に児童生徒と関わることは、児童生徒理解を深め個々に合った支援や学校保健活動の円滑な推進を行ううえでも重要です。
特に担任との連携は、いじめや不登校、虐待等の早期発見、対応のために必要不可欠です。

（1）校内連携の意義について理解する。
（2）連携の場面や方法について理解する。

（1）校内連携を通して気になる児童生徒の情報を得る。
養護教諭、担任、専科教員、スクールカウンセラー、管理職、栄養教諭・学校栄養職員　等
（2）保健室来室者の様子を担任に知らせる。

### ● 連携の場面や方法

1　登下校時や朝会、休み時間、清掃中
2　校外学習や運動会など学校行事
3　健康診断や委員会活動
4　校内委員会や校内組織活動
5　児童生徒の保健室来室時
6　保健室から出された家庭との連絡カードを通して
7　教育的配慮を要する児童を通して
8　保健室登校や不登校児童を通して

### ● 担任や他の教職員と連携する際の留意点

保健室からの連絡カードの活用とともに、直接会話をして様子を伝えることも大切です。「両親の帰りが遅く祖母であれば連絡がつきやすい」「最近、授業中に居眠りすることが増えた」「同じ服装をしていることが多い」などの情報を得られることもあり、児童生徒の訴える症状の背景にあるものを理解したり、個々に合った支援のための組織的な対応について検討したりすることにも繋がります。

**ワンポイントアドバイス**

児童生徒や学校保健についての情報共有や連携を円滑に行うためには、担任や他の教職員と日頃からコミュニケーションをとって信頼関係を築いておくことが大切です。

保健室来室者の中で、特に気になる児童生徒については、メモをとっておくと情報交換の際に役立ちます。

21 **評価**

- ○ 校内連携の意義について理解できたか。
- ○ 連携の場面や方法について理解できたか。

# ★★★ 保健委員会（児童会・生徒会活動）

児童会及び生徒会活動は、学習指導要領において以下のように示されています。

1　目標（　）内は中学校の場合

児童会（生徒会）活動を通して、望ましい人間関係を形成し、集団（や社会）の一員としてよりよい学校生活づくりに参画し、協力して諸問題を解決しようとする自主的、実践的な態度を育てる。

2　内容

学校の全児童（全生徒）をもって組織する児童会（生徒会）において、学校生活の充実と向上を図る活動を行うこと。

**小学校**

（1）児童会の計画や運営
（2）異年齢集団による交流
（3）学校行事への協力

**中学校**

（1）生徒会の計画や運営
（2）異年齢集団による交流
（3）生徒の諸活動についての連絡調整
（4）学校行事への協力
（5）ボランティア活動などの社会参加

委員会活動は、児童生徒が互いに協力し合って目標の達成を目指す自治活動です。養護教諭として、保健委員会の活動が教員の補助的な仕事とならないよう、児童生徒の自主的実践的な活動を指導・助言していきます。

**ねらい**

（1）児童会・生徒会活動の意義や目標を理解する。
（2）児童会・生徒会活動の運営の実際を理解する。

（1）保健委員会の年間予定を確認したうえで実際に委員会活動に参加し、指導・助言にあたる。
（2）実習期間中の行事に合わせてポスターや壁新聞、委員会だより等を児童生徒とともに作成する。

## ● 活動内容〈中学校の例〉

1　年間活動計画の作成

・月ごとの保健目標や実習校の健康教育課題等を踏まえたうえで年間活動計画を作成する。

2　組織づくり

・委員長・副委員長・書記のほか、当番活動などの班や担当決めを行う。

3　常時活動

・水質検査や石けんの補充など、当番活動として日常的に行う活動。

4　月別活動

・４月～６月・・・健康診断の補助
・６月～９月・・・熱中症予防に関する活動
・６月・・・歯の衛生週間に関する活動
・９月・・・体育祭救護係
・10月・・・目の愛護デーに関する活動
・11月・・・文化祭での舞台発表や展示発表
・12月・・・感染症予防に関する活動

5　ボランティア活動

・世界エイズデーの取り組み（SDGs 目標３）
・白杖ガイドヘルプ講座（SDGs 目標10）
・使い捨てコンタクトレンズケースの回収・寄付（SDGs 目標14）
・保育園における手洗いうがい紙芝居読み聞かせ活動（SDGs 目標３）

### ワンポイントアドバイス

　委員会活動を通して、児童生徒理解を深めるとともに、子どもたちの個々のよいところやリーダー性を発揮させ、自己有用感を高められるような関わりを心がけることが大切です。

　SDGs 達成の視点を持った活動や、タブレット端末を活用した活動を積極的に取り入れましょう。

22
**評価**

○ 児童会・生徒会活動の意義や目標について理解できたか。
○ 児童会・生徒会活動の進め方について理解できたか。

## ●「保健委員会」活動〈小学校の例〉

1　児童の発想と計画が生かされ、実践活動に繋がるように支援をする。また、実践活動では、ねばり強く最後までやり抜くように必要な支援をする。

| 活動テーマ／活動の過程 | 姿勢 | けが | 咀嚼 |
|---|---|---|---|
| **課題の発見**（気づき）<br>・議題など設定<br>（テーマのきっかけ） | ・メディア機器を使用した学習が増えてきた<br>・目や背骨の健康が心配<br>・親にも注意される | ・保健室当番をやっていて、保健室に来る人が多いと感じる<br>・小さなけがでも来ている | ・あごの発育発達、歯並び<br>・給食時、早食いの人がいる<br>・味わって食べていない<br>・給食を残す |
| **話し合い**<br>**何をどう伝えるか**<br>活動における手順等自分たちでルールや決まりを考える。 | ・良い姿勢の生活習慣を、意識すると良い。<br>（歩く時・学習時・日常時）<br>・どうして？　なぜ？を伝える<br>・題名「いきいき　しせい」 | ・けがの調査をして、データを集める。どうしたらよいか？<br>・けが多発場所とけがの種類を突きとめて知らせる<br>・各学級へチームで説明に行く<br>・自分でできる応急手当を知らせる<br>・題名は担当にお任せ | ・給食メニューを選んで、噛む回数がどのくらいかを実験したデータをまとめる<br>・よく噛んで食べることの良い点を伝える。目安３０回<br>・題名「かむことは　あいなのだ」 |
| **合意形成**<br>話し合い活動で折り合いをつける。まとめる。 | ・実施計画の作成<br>・情報の収集（調べる、まとめる作業）<br>・スライド作り・係分担<br>・台本作り<br>・学校配置図使用 | ・情報の収集　・係分担<br>・タブレット活用・A4用紙<br>・模造紙に書く | ・係分担　・情報の収集<br>（調べる、まとめる作業）<br>・かみかみセンサー実験<br>・タブレット活用 |
| **実践**  | ・パワーポイントで集会発表<br>・各学級で使う黒板上の掲示物を作成し、指導に使ってもらう <br>こんなしせいの人いませんか？ | ・ニュースをつくり各階に掲示する<br>・朝の時間に、各学級に行き話をする <br>けがをしないで！！ | ・ニュースと掲示物を作成<br>・給食時に放送で呼びかける  |
| **振り返り** | ・活動の良い点や改善点を見つけ出し、新たな活動に繋げる | | |

## 2　活動の活性化を図る工夫

### 1）日常生活支援シート〈例〉

| クラス | 今週の仕事内容<br>○をつけましょう | なまえ | ／<br>（月） | ／<br>（火） | ／<br>（水） | ／<br>（木） | ／<br>（金） | 養護・担当教諭の評価<br>☺ 😐 ☹ |
|---|---|---|---|---|---|---|---|---|
| 5－1 | 健康観察簿配り・保健室当番<br>手洗いせっけん・水質検査 | | | | | | | ☺ 😐 ☹ |
| | | | | | | | | ☺ 😐 ☹ |
| | | | | | | | | ☺ 😐 ☹ |
| | | | | | | | | ☺ 😐 ☹ |
| 5－2 | 健康観察簿配り・保健室当番<br>手洗いせっけん・水質検査 | | | | | | | ☺ 😐 ☹ |
| | | | | | | | | ☺ 😐 ☹ |
| | | | | | | | | ☺ 😐 ☹ |
| | | | | | | | | ☺ 😐 ☹ |
| 6－1 | 健康観察簿配り・保健室当番<br>手洗いせっけん・水質検査 | | | | | | | ☺ 😐 ☹ |
| | | | | | | | | ☺ 😐 ☹ |
| | | | | | | | | ☺ 😐 ☹ |
| | | | | | | | | ☺ 😐 ☹ |
| 6－2 | 健康観察簿配り・保健室当番<br>手洗いせっけん・水質検査 | | | | | | | ☺ 😐 ☹ |
| | | | | | | | | ☺ 😐 ☹ |
| | | | | | | | | ☺ 😐 ☹ |
| | | | | | | | | ☺ 😐 ☹ |

仕事をしたら○<br>をつけましょう<br>〈自分で〉

| 評価の見方 | ☺ よくがんばりました<br>😐 がんばりました<br>☹ 来週はがんばりましょう |
|---|---|

### 2）評価シート〈例〉

令和　年度　後期　委員会活動をふりかえって

| (　　　　　)委員会　5・6年　　組　名前 | | |
|---|---|---|
| ☆活動したこと | ☆感想や反省 | |
| | | |
| | | |
| | | |
| | | |
| | | |
| 自己評価（あてはまるものに○を付けましょう） | | |

| | | | |
|---|---|---|---|
| 1 | 毎回楽しんで活動し、みんなの手本になった | 何度か楽しんで活動した | 後期は楽しんで活動したい |
| 2 | 自分から意欲的に活動した | 友達に声をかけてもらってから活動した | 後期は意欲的に活動したい |
| 3 | 学校をよりよくするために工夫を考えて活動した | 学校をよりよくするために何回か工夫して活動した | 後期は工夫して活動したい |
| 4 | 毎回友だちと協力して活動した | 何回か友だちと協力して活動した | 1人で活動した |
| 5 | 最後まで責任を果たした | 責任を果たした場面が何回かあった | 後期は責任を果たしたい |
| 6 | 学校のリーダーとして活躍できた | 学校のリーダーとして活躍できるよう努力した | 学校のリーダーとして、あと一歩であった |

＊その他（委員長・副委員長・記録をつとめた等、特に頑張ったこと等）

＊担当の先生より

委員会活動の様子

# 23 ★★ 放課後の過ごし方

授業が終わった後に、児童生徒が学校内で過ごす理由はさまざまです。校種別で見ると、小学校では放課後遊びが主ですが、中学校や高校では部活動で時間を費やすことが主になっています。いずれにせよ、児童生徒が校舎内にいる間や下校時間は学校管理下の指導時間として、養護教諭にとっては、けがなどの心配で気が抜けません。常にけがなどの事故の発生に備えておく必要があります。時間によっては、医療機関の受付に間に合わないことがあります。また、児童生徒が下校した後は、学校内外の実態や養護教諭自身の考え、仕事の量によってその日の時間の過ごし方はまちまちです。勤務時間内をどのように過ごしているかを例示して指導にあたります。

（１）児童生徒が放課後学校内で過ごす時間には、どんな場合があるのかを理解する。
（２）放課後の過ごし方には、各学校や養護教諭のそれぞれの事情で異なることを理解する。
（３）指導者の過ごし方を観察し、どう過ごせばよいのかに気づく。

## ● 児童生徒が放課後学校内にいる理由

1　校庭開放や○○タイムで校庭遊びなどが許可されているとき
2　担任・専科指導者による授業支援
3　委員会や生徒会活動の仕事
4　学級の係の仕事
5　学校行事の準備や練習
6　クラブ活動（部活動）
7　自由時間、本を読む、友だちと話すなど

**ワンポイントアドバイス**

学校によって実習の割り振り時程が違ってきますが、時間内で何ができるのか、また仕事の内容に優先順位を設けて自分なりに処理していくようアドバイスをしましょう。そのほか、担任や専科の先生方との情報交換は、児童生徒の下校後、比較的ゆとりある放課後の時間を通して行うとよいことを伝えましょう。

（1）実習期間中の放課後の過ごし方について、行事予定や実習計画に沿って計画を立てる。
（2）児童生徒理解をするよい機会とする。
実習生が児童生徒と触れ合う時間として、放課後遊びやクラブ活動に参加したり、見学をしたりする。その感想などを実習日誌に書く。
（3）保健教育の教材研究や準備をする。
（4）室内の整理整頓をする（薬品類の点検、室内掃除、ベッドまわりなど）。

**● 養護教諭の放課後〈小学校の例〉**

1　児童がいるとき

・委員会などで指導するときは、児童生徒の管理を最後までする
・健康相談などにあたる
・校内の見回りや部活動の参加などで、児童生徒理解や健全育成に努める
・けがや病人の救急処置をする

2　児童がいないとき

・職員会議、校内研修会や各種委員会・各部会などへの参加
・保健日誌などの記入（1日の振り返り、反省を含む）　・教材研究と準備
・校舎内の見回り　・明日の予定の確認（準備や電話確認を含む）　・掲示物の作成
・管理職、担任、専科との情報交換や報告・連絡・相談・記録（ほうれんそうき）
・カウンセラーとの情報交換　・啓発活動（たより）の作成　・事務処理
・周年関係や研究発表などの行事があるときは、各部の話し合いや作業への参加
・室内の整理整頓（薬品類の点検）
・研究の課題研修やまとめ　・保健関係の情報入手（雑誌・書籍、インターネット等）
・仲間との情報共有（地域の養護教諭）　・健康相談活動　・メールの確認
・翌日の準備　・定期安全点検（一人で、グループで）　・保護者面談

○ 放課後の時間には、どのような仕事内容があるのかがおおまかに理解できたか。
○ 放課後の時間を1日の反省や振り返りの時間、翌日のための準備時間として過ごすことが理解できたか。

# 24 ★部活動（クラブ活動）

部活動（クラブ活動）は、課外活動として位置づけられていますが、学校管理下による活動ですので、部活動で起きたけがは、日本スポーツ振興センターからの共済給付が適用されます。養護教諭として、けがの状況の把握、けがのあとの児童生徒のケアなどに努めなければなりません。

また、スポーツ障害、外傷やスポーツ選手の心の問題、けがの予防、熱中症の予防、活動場所の環境などの安全点検、健康管理、栄養管理などについて、いつでも顧問や選手、保護者にアドバイスできるように資料などを準備しておくことも大切です。

（１）児童生徒に多いスポーツ障害の症状とその対応について理解する。
（２）スポーツ障害の予防とその指導について理解する。

（１）放課後の部活動を見学させ、児童生徒の活動状況を確認する。できれば、一緒に参加し、理解を深める。
（２）スポーツ障害・外傷・熱中症について学ぶ。
・どのようなけがが多いのか
・予防やケアの方法はどのようなものがあるのか
（アイシング・ストレッチ・水分補給・休養など）

**ワンポイントアドバイス**

養護教諭も部活動の顧問を担当することができます。

もし、実習生に得意とする分野があれば、負担にならない程度に部活動への参加を勧めてみましょう。教室や保健室で見せる児童生徒の姿とは違った一面を見ることができます。

## ● 知っておきたいスポーツ障害

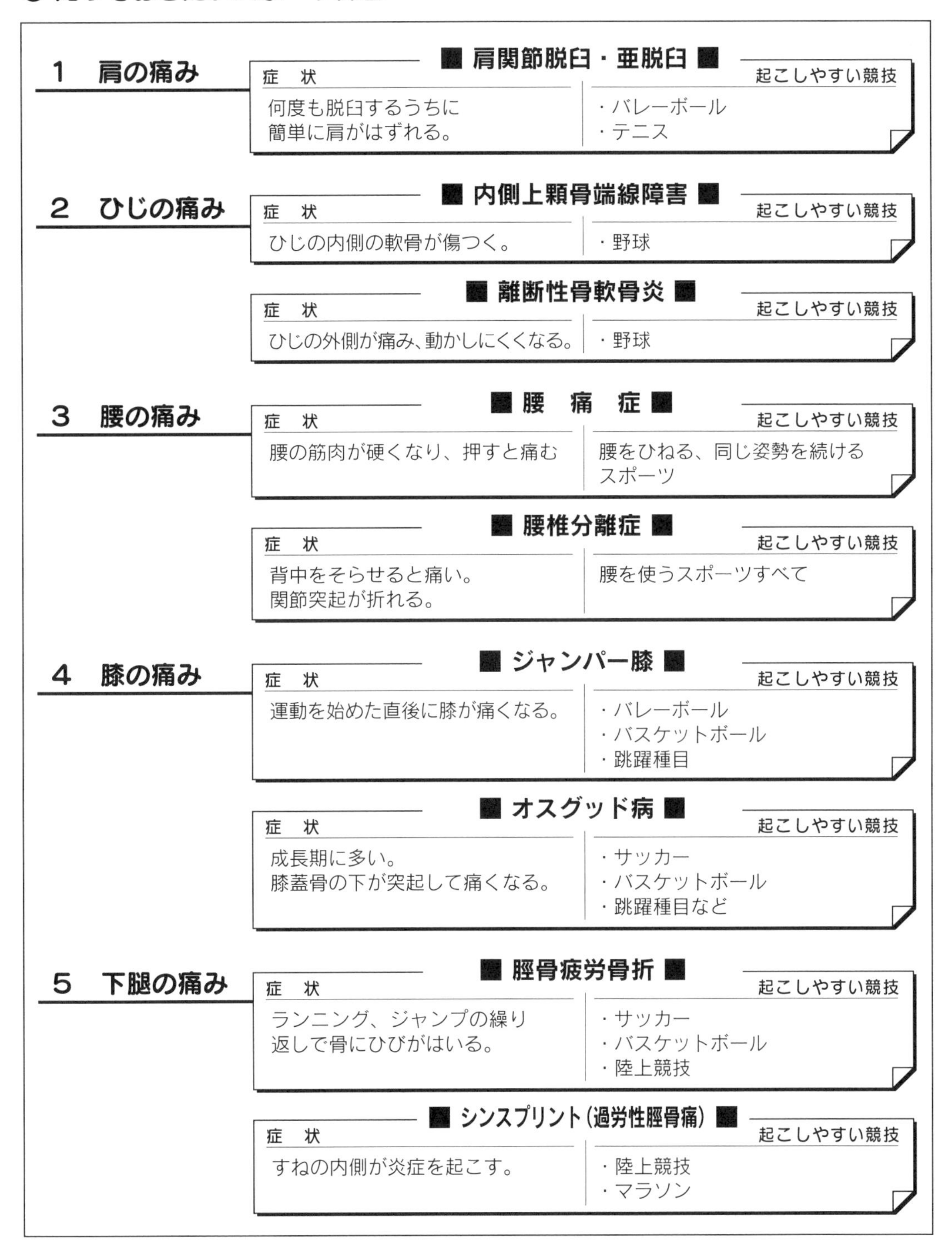


24 評価

○ 児童生徒に多いスポーツ障害とその対応について理解できたか。
○ スポーツ障害の予防とその指導について理解できたか。

# 25 ★★ 学校年間行事

学校行事は、学習指導要領の特別活動の中に位置づけられ、その目標については次のように示されています。
「全校又は学年の児童（生徒）で協力し、よりよい学校生活を築くための体験的な活動を通して、集団への所属感や連帯感を深め、公共の精神を養いながら、第１の目標に掲げる資質・能力を育成することを目指す。」
また、学校行事は以下の５種類の行事が示されています。
(1) 儀式的行事　(2) 文化的行事　(3) 健康安全・体育的行事
(4) 遠足・集団宿泊的行事（旅行・集団宿泊的行事）（ ）内は中学校の場合
(5) 勤労生産・奉仕的行事
養護教諭は、主として健康安全･体育的行事のうち特に健康診断や避難訓練、健康・安全、学校給食等に関する行事などの企画立案に参画する立場にあります。また、学校保健を充実させていくうえで、学校行事と関連を深めることは重要です。年間の行事に合わせて、保健主事とともに学校保健年間計画を立案していきます。

（１）学校行事の年間の見通しを把握する。
（２）学校保健と関連が深い行事について理解する。

（１）実習校の年間行事計画の確認をする。
（２）学校保健と関連が深い行事について、実施要項等で養護教諭の役割や準備物品などの詳細を把握する。

**ワンポイントアドバイス**

あらかじめ、実習校の教育計画にある行事予定を確認し、養護教諭が関わるものをピックアップしておくとともに、学習指導要領解説「特別活動編」に目を通しておきましょう。

## 資料 主な年間行事〈中学校の例〉

★：主として関わる行事　☆：関連する行事

**4月**
始業式　入学式　**保護者会**☆　対面式　**健康診断**★　**面談週間**☆

**5月**
**健康診断**★　生徒総会　**校内研修（生徒理解）**☆　PTA総会　**移動教室**☆　**遠足**☆

**6月**
**歯の衛生週間**★　**修学旅行**☆　期末テスト　学校公開週間

**7・8月**
**林間学校事前健康診断**★　**保護者会**☆　**林間学校**☆　大掃除　終業式
**水泳教室**☆　**校内研修（AED・食物アレルギー対応）**★

**9月**
始業式　**運動会（体育祭）**☆　学校説明会　**防災訓練**★

**10月**
中間テスト　生徒会選挙　**文化祭**☆

**11月**
スピーキングコンテスト　**新入生保護者説明会**☆　道徳公開授業

**12月**
**薬物乱用防止教室**★　期末テスト　三者面談　大掃除　終業式

**1月**
**セーフティ教室**☆　始業式　百人一首大会　書き初め展

**2月**
新入生説明会　合唱祭　**遠足**☆　入試　**学校保健委員会**★

**3月**
期末テスト　**保護者会**☆　三年生を送る会　**卒業遠足**☆　**球技大会**☆　**卒業式**☆
離任式

○ 学校の年間行事を把握することができたか。
○ 学校保健に関係する行事について理解できたか。

# 26 ★★★ 定期健康診断

定期健康診断は、「児童生徒及び職員の健康の保持増進を図るため、学校における保健管理に関し必要な事項を定めるとともに、（中略）もって学校教育の円滑な実施とその成果の確保に資する」という学校保健安全法第１条にもとづいて、毎年６月３０日までに行うものとされています。

医学的見地から個人や集団の健康状態を把握し、疾病異常に対して早期治療を勧告するとともに、子どもたちの健康づくりに対して指導助言をします。

**＜学校保健安全法＞**

第13条　学校においては、毎学年定期に、児童生徒等（通信による教育を受ける学生を除く。）の健康診断を行わなければならない。

その具体的な目的

１　児童生徒の健康の保持増進を図るため、スクリーニングする。

２　学校における健康課題を明らかにして保健教育に役立てる。

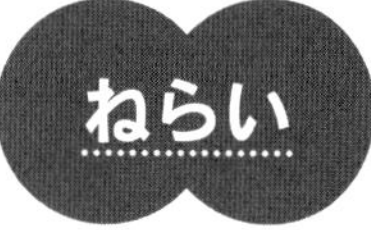


（１）定期健康診断の目的・役割について理解する。

（２）定期健康診断の準備・実施・事後措置の流れとその方法について理解する。

（１）定期健康診断の準備や、児童生徒に事前指導を行う。

（２）定期健康診断を体験し、記録や待ち児童生徒の管理をする。

（３）定期健康診断のまとめや事後措置をする。

## ● 定期健康診断の実施方法は、各学校の実態に応じて行います

すべての項目を１日で終わらせる方法や、日ごとに項目を分けて行う方法などがあります。

## ● 健康診断当日までに行いたいこと

・学校医や業者等との連絡調整
・保健調査票の連絡、配布、回収、記載内容の確認
・児童生徒の名簿や記録用紙の準備
・会場や教職員の係などの校内調整

## ● 健康診断の項目

平成28年4月1日現在

| 項目 | 検診・検査方法 | 幼稚園 | 小学校 1年 | 小学校 2年 | 小学校 3年 | 小学校 4年 | 小学校 5年 | 小学校 6年 | 中学校 1年 | 中学校 2年 | 中学校 3年 | 高等学校 1年 | 高等学校 2年 | 高等学校 3年 | 大学 |
|---|---|---|---|---|---|---|---|---|---|---|---|---|---|---|---|
| 保健調査 | アンケート | ○ | ◎ | ◎ | ◎ | ◎ | ◎ | ◎ | ◎ | ◎ | ◎ | ◎ | ◎ | ◎ | ○ |
| 身長 | | ◎ | ◎ | ◎ | ◎ | ◎ | ◎ | ◎ | ◎ | ◎ | ◎ | ◎ | ◎ | ◎ | ◎ |
| 体重 | | ◎ | ◎ | ◎ | ◎ | ◎ | ◎ | ◎ | ◎ | ◎ | ◎ | ◎ | ◎ | ◎ | ◎ |
| 栄養状態 | | ◎ | ◎ | ◎ | ◎ | ◎ | ◎ | ◎ | ◎ | ◎ | ◎ | ◎ | ◎ | ◎ | ◎ |
| 脊柱・胸郭<br>四肢<br>骨・関節 | | ◎ | ◎ | ◎ | ◎ | ◎ | ◎ | ◎ | ◎ | ◎ | ◎ | ◎ | ◎ | ◎ | △ |
| 視力 | 視力表 裸眼の者 裸眼視力 | ◎ | ◎ | ◎ | ◎ | ◎ | ◎ | ◎ | ◎ | ◎ | ◎ | ◎ | ◎ | ◎ | △ |
| | 視力表 眼鏡等をしている者 矯正視力 | ◎ | ◎ | ◎ | ◎ | ◎ | ◎ | ◎ | ◎ | ◎ | ◎ | ◎ | ◎ | ◎ | △ |
| | 視力表 眼鏡等をしている者 裸眼視力 | △ | △ | △ | △ | △ | △ | △ | △ | △ | △ | △ | △ | △ | △ |
| 聴力 | オージオメータ | ◎ | ◎ | ◎ | ◎ | △ | ◎ | △ | ◎ | △ | ◎ | ◎ | △ | ◎ | △ |
| 眼の疾病及び異常 | | ◎ | ◎ | ◎ | ◎ | ◎ | ◎ | ◎ | ◎ | ◎ | ◎ | ◎ | ◎ | ◎ | ◎ |
| 耳鼻咽喉頭 | | ◎ | ◎ | ◎ | ◎ | ◎ | ◎ | ◎ | ◎ | ◎ | ◎ | ◎ | ◎ | ◎ | ◎ |
| 皮膚疾患 | | ◎ | ◎ | ◎ | ◎ | ◎ | ◎ | ◎ | ◎ | ◎ | ◎ | ◎ | ◎ | ◎ | ◎ |
| 歯及び口腔の疾患及び異常 | | ◎ | ◎ | ◎ | ◎ | ◎ | ◎ | ◎ | ◎ | ◎ | ◎ | ◎ | ◎ | ◎ | △ |
| 結核 | 問診・学校医による診察 | | ◎ | ◎ | ◎ | ◎ | ◎ | ◎ | ◎ | ◎ | ◎ | | | | |
| | エックス線撮影 | | | | | | | | | | | ◎ | | | ◎<br>1学年<br>(入学時) |
| | エックス線撮影<br>ツベルクリン反応検査<br>喀痰検査等 | | ○ | ○ | ○ | ○ | ○ | ○ | ○ | ○ | ○ | | | | |
| | エックス線撮影<br>喀痰検査・聴診・打診 | | | | | | | | | | | ○ | | | ○ |
| 心臓の疾患及び異常 | 臨床医学的検査<br>その他の検査 | ◎ | ◎ | ◎ | ◎ | ◎ | ◎ | ◎ | ◎ | ◎ | ◎ | ◎ | ◎ | ◎ | ◎ |
| | 心電図検査 | △ | ◎ | △ | △ | △ | △ | △ | ◎ | △ | △ | ◎ | △ | △ | △ |
| 尿 | 試験紙法 蛋白等 | ◎ | ◎ | ◎ | ◎ | ◎ | ◎ | ◎ | ◎ | ◎ | ◎ | ◎ | ◎ | ◎ | △ |
| | 試験紙法 糖 | △ | | | | | | | | | | | | | △ |
| その他の疾病及び異常 | 臨床医学的検査<br>その他の検査 | ◎ | ◎ | ◎ | ◎ | ◎ | ◎ | ◎ | ◎ | ◎ | ◎ | ◎ | ◎ | ◎ | ◎ |

(注) ◎ ほぼ全員に実施されるもの　○ 必要時または必要者に実施されるもの　△ 検査項目から除くことができるもの

『児童生徒等の健康診断マニュアル（平成27年度改訂）』公益財団法人 日本学校保健会（2015）

※色覚については、保健調査票に色覚に関する項目を入れ、学校医による健康相談において、児童生徒や保護者の同意を得て個別に検査、指導を行います。

### ワンポイントアドバイス

定期健康診断を実施したら、必ず学校全体で反省をしましょう。今年度の反省をするとともに、改善点は来年度の計画を立てるときに生かすことができます。それを積み重ねていくと、学校の実態にあった定期健康診断が実施できるようになりますので、それを欠かさないようにします。

○ 定期健康診断の目的・役割について理解できたか。

○ 定期健康診断の準備・実施・事後措置の流れとその方法が理解できたか。

# 26a ★★★ 内科検診

1　保健調査票は学校医の指導助言のもとに作成し、事前に提出してもらいます。
2　内科は栄養状態、脊柱・胸郭・四肢、皮膚疾患、心臓の疾病・異常等と全身にわたります。児童生徒の発達段階に応じて検査の意義を指導しておきます。
3　令和３年３月文部科学省発出の「脱衣を伴う検査における留意点」の通り、事前に学校医と検査を受ける服装の確認をし、プライバシーに配慮して実施します。
4　終了後は、学校医の専門的な指導・助言を受け、児童生徒の日常生活や保健教育に生かせるようにします。

**ねらい**

（１）内科検診の目的や意義を理解する。
（２）検診の準備について理解する。
（３）検診の実施方法を理解する。
（４）児童生徒に対する実施方法の説明の仕方を身につける。

**実習方法**

（１）内科検診の様子を参観する。
（２）記録をする（治療勧告用紙・一覧表など）。
（３）待ち児童生徒の管理を担当する。

**準備するもの（例）**

・保健調査票　・成長曲線や肥満度　・拡大鏡　・消毒液　・白衣　・ペンライト　・回転いす
・筆記用具　・記録用紙　・ついたて　・ペーパータオル　・聴診器　・グローブ

**ワンポイントアドバイス**

前日に、学校医と日時や場所、準備するものなどの最終確認を行います。連絡手段は学校医により電話、ＦＡＸ、メールなどと異なるので注意します。欠席者の受診については学校医と調整します。

**26a 評価**

○ 内科検診の意義や疾病などの内容を理解できたか。
○ 準備の仕方などが理解できたか。

# 26b ★★★ 眼科検診

1　事前の保健調査では、特に「眼科」欄を重視します。
2　コンタクトレンズ使用の児童生徒には事前指導を行い、学校医にも連絡します。
3　終了後は、学校眼科医の専門的な指導・助言を受け、児童生徒の日常生活や保健教育に生かせるようにします。

（１）眼科検診の目的や意義を確認する。
（２）検診の準備について知る。
（３）検診の実施方法を知る。
（４）児童生徒に対する実施方法の説明の仕方を身につける。

（１）眼科検診の様子を参観する。
（２）記録をする（治療勧告用紙・一覧表など）。
（３）待ち児童生徒の管理を担当する。

**準備するもの（例）**
・消毒液　・ガーゼ　・綿棒　・ペンライト　・ルーペ　・照明灯　・回転椅子
・保健調査票（視力検査結果）　・ペーパータオル　・グローブ

**ワンポイントアドバイス**

カラーコンタクトレンズを装着していると、眼科検診の際に視診が十分にできないことがあります。また、コンタクトレンズには医師の診察、処方を受けずにインターネットで購入できる安価なものがあり、眼の健康のために日ごろから児童生徒へ注意喚起しておくとよいです。

○ 検査内容や疾病などの内容を理解できたか。
○ 準備の仕方などが理解できたか。

# 26c ★★★ 歯科検診

1　児童生徒の発達段階で異なる口腔内の状況を理解します。
2　検診の目的や意義、検診内容などを理解します。

**ねらい**

（１）歯科検診の目的や意義を理解する。
（２）検診の準備について理解する。
（３）検診の実施方法を理解する。
（４）児童生徒に対する実施方法の説明の仕方を身につける。

**実習方法**

（１）歯科検診の様子を見学する。
（２）記録をする（歯科検査票）。

**〈歯科検査票記入例〉**

C　＝未処置歯
CO＝要観察歯
（う蝕の初期病変が疑わしい歯）
O　＝処置歯
△　＝喪失歯
×　＝要注意乳歯
G　＝歯肉炎
GO＝歯周疾患要観察者

<table>
<tr><th rowspan="3">年齢</th><th rowspan="3">年度</th><th rowspan="3">顎関節</th><th rowspan="3">歯列・咬合</th><th rowspan="3">歯列の状態</th><th rowspan="3">歯肉の状態</th><th colspan="16">歯式</th><th colspan="8">歯の状態</th><th rowspan="3">その他の疾病及び異常</th><th rowspan="3">学校歯科医<br>所見<br>月　日</th><th rowspan="3">事後措置</th></tr>
<tr><td colspan="8" rowspan="2">歯列・咬合、顎関節、歯肉の状態<br>0：異常なし<br>1：定期的観察が必要<br>2：歯科医師による診断が必要<br>歯垢の状態<br>0：ほとんど付着なし<br>1：若干の付着あり<br>2：相当の付着あり</td><td colspan="8" rowspan="2">・現在歯（例－、／、＼）<br>・むし歯　未処置歯　C<br>処置歯　○<br>・喪失歯（永久歯）　△<br>・要注意歯　×<br>・要観察歯　CO</td><th colspan="3">乳歯</th><th colspan="4">永久歯</th><th rowspan="2">要観察歯数</th></tr>
<tr><th>現在歯数</th><th>未処置歯数</th><th>処置歯数</th><th>現在歯数</th><th>未処置歯数</th><th>処置歯数</th><th>喪失歯数</th></tr>
<tr><td rowspan="4">歳</td><td rowspan="4">令和年度</td><td rowspan="4">0<br>1<br>2</td><td rowspan="4">0<br>1<br>2</td><td rowspan="4">0<br>1<br>2</td><td rowspan="4">0<br>1<br>2</td><td>8</td><td>7</td><td>6</td><td>5</td><td>4</td><td>3</td><td>2</td><td>1</td><td>1</td><td>2</td><td>3</td><td>4</td><td>5</td><td>6</td><td>7</td><td>8</td><td rowspan="4"></td><td rowspan="4"></td><td rowspan="4"></td><td rowspan="4"></td><td rowspan="4"></td><td rowspan="4"></td><td rowspan="4"></td><td rowspan="4"></td><td rowspan="4"></td><td rowspan="4"></td><td rowspan="4"></td></tr>
<tr><td colspan="3" rowspan="2">上<br>右<br>下</td><td>E</td><td>D</td><td>C</td><td>B</td><td>A</td><td>A</td><td>B</td><td>C</td><td>D</td><td>E</td><td colspan="3" rowspan="2">左<br>上<br>下</td></tr>
<tr><td>E</td><td>D</td><td>C</td><td>B</td><td>A</td><td>A</td><td>B</td><td>C</td><td>D</td><td>E</td></tr>
<tr><td>8</td><td>7</td><td>6</td><td>5</td><td>4</td><td>3</td><td>2</td><td>1</td><td>1</td><td>2</td><td>3</td><td>4</td><td>5</td><td>6</td><td>7</td><td>8</td></tr>
</table>

**準備するもの（例）**

・消毒液　・ミラー　・探針　・ピンセット　・バット　・ガーゼ　・タオル　・洗面器
・使い捨て手袋　・ライト　・延長コード　・机　・椅子　・筆記用具　・治療のお知らせ用紙
・健康診断票（歯・口腔）　・顎模型や本など保健指導教材　・ペーパータオル　・グローブ

**ワンポイントアドバイス**

学校歯科医に、事前に歯科検査票の記入や口腔内の疾病異常などの説明をしてもらうなど、協力をお願いしておきます。
欠席者の受診については学校歯科医と調整します。

**26c 評価**

○ 検査内容や疾病などの内容を理解できたか。
○ 準備の仕方や歯科検査票の記入方法がわかったか。

# 26d ★★★ 耳鼻咽喉科検診

検診の目的や意義、検診内容などを理解します。

（１）耳鼻咽喉科検診の目的や意義を確認する。
（２）検診の準備について知る。
（３）検診の実施方法を知る。
（４）児童生徒へ実施方法の説明の仕方を身につける。

（１）耳鼻咽喉科検診の様子を見学する。
（２）記録をする（治療勧告用紙・一覧表など）。
（３）待ち児童生徒の管理を担当する。

**準備するもの（例）**

・消毒液　・ガーゼ　・脱脂綿　・捲綿子各種　・耳鏡　・鼻鏡　・喉頭鏡　・舌圧子
・バット　・額帯付反射鏡　・光源（側燈）　・回転椅子　・筆記用具　・記録用紙
・ペーパータオル　・グローブ

**ワンポイントアドバイス**

学校耳鼻咽喉科医に事前に耳鼻咽喉科の疾病異常の説明をしてもらうなど、協力をお願いしておきます。
欠席者の受診については学校医と調整します。

○ 疾病及び異常を発見するほか、諸感覚の発達の程度をチェックする検診であることが理解できたか。
○ 準備の仕方や治療勧告用紙の記入方法が理解できたか。

# 26e ★★★ 視力検査

学校で行う視力検査は、学習に支障があるかどうかの検査です。

ねらい

（１）視力検査の目的や意義を理解する。
（２）検査の準備について理解する。
（３）検査の測定方法や判定方法を理解する。
（４）児童生徒に対する実施方法の説明の仕方を身につける。
（５）器具類の消毒方法を理解する。

実習方法

（１）検査の準備をする（５ｍ離れた床上に印をつけるなど）。
（２）検査測定と記録（健康カード・治療勧告用紙・一覧表など）をする。

準備するもの（例）
・視力計　・視力表　・指示棒
・遮眼器　・消毒液　・ふき綿
・５ｍ巻尺　・筆記用具
・記録用紙　・ペーパータオル
・グローブ

| | 使用指標 | 判定結果 | 評　価 |
|---|---|---|---|
| 視力の判定 | 1.0 | 正しく判断 | A |
| | | 判断できない | |
| | 0.7 | 正しく判断 | B |
| | | 判断できない | |
| | 0.3 | 正しく判断 | C |
| | | 判断できない | D |

※正しくとは、上下左右４方向のうち、３方向以上を判別した場合をいう。

**ワンポイントアドバイス**

視力計の使い方を事前に確認しておきます。
遮眼器を使用するときは、直接眼に触れることもあるので、感染予防のために消毒が必要です。ディスポーザブルタイプもあります。

26e 評価

○ 検査の準備や測定方法、判定方法が理解できたか。
○ 測定の記録方法が理解できたか。
○ 消毒の必要性が理解できたか。

# 26f ★★★ 聴力検査

聴力は、「聞こえ」と「言葉」に関わり、聴力に支障があると学校教育や生活に影響を及ぼすため、その程度を検査するのが聴力検査です。

（１）聴力検査の目的や意義を理解する。
（２）検査の準備について理解する。
（３）検査の実施方法や判定方法を理解する。
（４）児童生徒に対する実施方法の説明の仕方を身につける（放送室や音楽室などを検査会場とし、静かな環境で受けさせる）。

**実習方法**

（１）オージオメータの使用方法を学ぶ。
（２）検査を行う際の注意点を学ぶ。
（３）検査測定と記録を実習する。

| 1000Hz | 30dB |
|---|---|
| 4000Hz | 25dB |

それぞれの音を聞かせて応答を確かめる

**準備するもの（例）**

・オージオメータ　・延長コード　・机　・椅子　・ついたて　・検診票　・筆記用具
・ペーパータオル　・グローブ

**ワンポイントアドバイス**

オージオメータの使い方を事前に確認しておきます。

○ オージオメータの使用方法や測定方法が理解できたか。

# 26g ★★★ 心電図検査

心疾患のある児童生徒を早期に発見し、適切な治療や、日常的な指導に繋げるために行います。

（1）心電図検査の目的や意義、内容などを理解する。

## ● 心電図検査の実施

1 実施目的を保護者に伝えるとともに、「問診票」の記入を依頼します。特に先天性心疾患や川崎病既往のある人は、記入もれがないようにします。
2 小学校では心電図検査が初めての児童が多いため、事前指導するとともに、呼吸法などの練習が必要です。これをするとやり直しが少なくなり、時間も節約できます。
3 検査直前に体育や激しい運動などをしないよう、担任に連絡しておきます。
4 小学校1年生では衣服の脱ぎ着に大変時間がかかります。靴下や上着などは教室においてくるようにします。

## ● 心電図検査の流れ

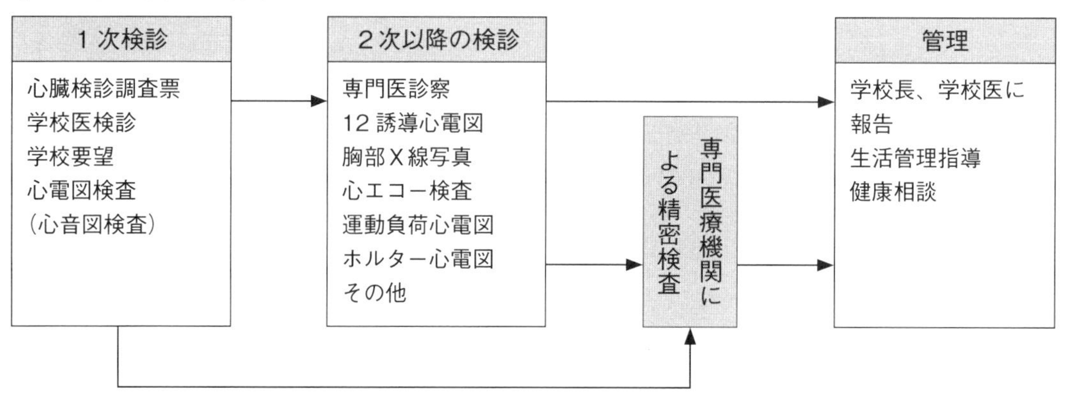


『児童生徒等の健康診断マニュアル　平成27年度改訂』公益財団法人日本学校保健会（2015）

**ワンポイントアドバイス**

プライバシーに配慮して、ついたてやバスタオルを使用します。業者が準備するのか、学校で用意するのかを確認しておきます。また、児童生徒へ事前に検査について指導しておくと、安心して受けることができます。

# 26h ★★★ 尿検査

慢性腎炎や糖尿病を早期に発見し、適切な治療や指導を受けさせ、重症化を予防するために行います。

（1）尿検査の目的や意義、内容などを理解する。

## 尿検査の実施

1　全員が受けられるように、家庭への協力をお願いします。
2　名前やクラスなどの記入もれがないように､担任や各家庭に配慮をお願いします。
3　当日出せなかった人はどうすればいいかなど、きめ細かな配慮をしておくと、担任や保護者も安心します。それは、保健だよりなどで知らせます。また、児童生徒に尿検査の目的を周知させます。
4　再検査の結果「要精密検査」となった児童生徒には、家庭と連絡を取り合い全員が精密検査を受けられるよう、指導助言を行います。

## 検尿方式

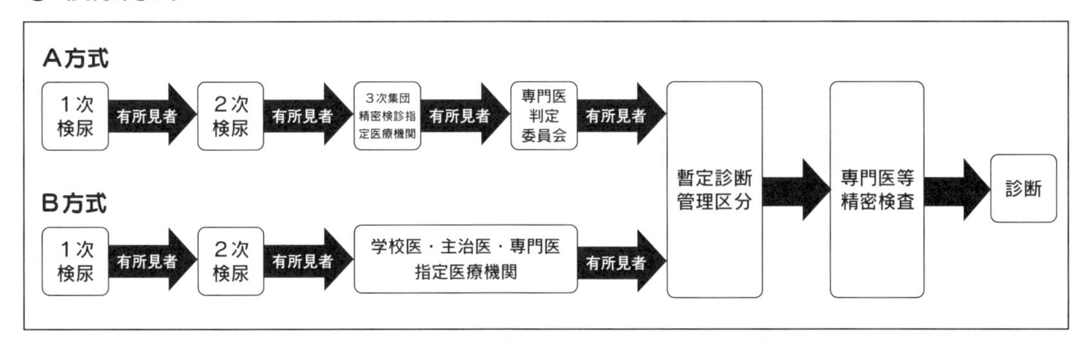


『学校検尿のすべて　令和２年度改訂』公益財団法人日本学校保健会（2020）

**ワンポイントアドバイス**

尿検査は関係業者にお願いするので、事前にしっかりと日程の打ち合わせをしましょう。また、欠席者への配慮も必要です。

# 26i ★★★ 身体測定

身体測定により、身体の健康状態（身長の正常な伸びや、身長に対する体重の増加）が適正かを評価し、発育に異常がある児童生徒を早期に発見し、医療や指導に繋げます。

（１）身体測定の目的や意義を理解する。
（２）測定方法について理解する。

**実習方法**

（１）前日までに器具の点検をし、測定方法を確認する。
（２）児童生徒管理を任せる。
（３）児童生徒に対して測定方法を説明する。
（４）測定の補助や測定の記録をする（健康カード・一覧表・健康診断票など）。

**準備するもの（例）**
・身長計　・体重計　・一覧表　・健康カード

## ● 身長測定

### 目的と意義

身長の発育は、第１発育急進期と第２発育急進期があり、その伸び方は一様ではありませんが、思春期を過ぎて成人に達するまで伸びが認められます。個人差はありますが、身長の伸びは発育状態を表す基本的な指標になります。発育異常（低身長や高身長）になる児童生徒を早期に発見することができます。

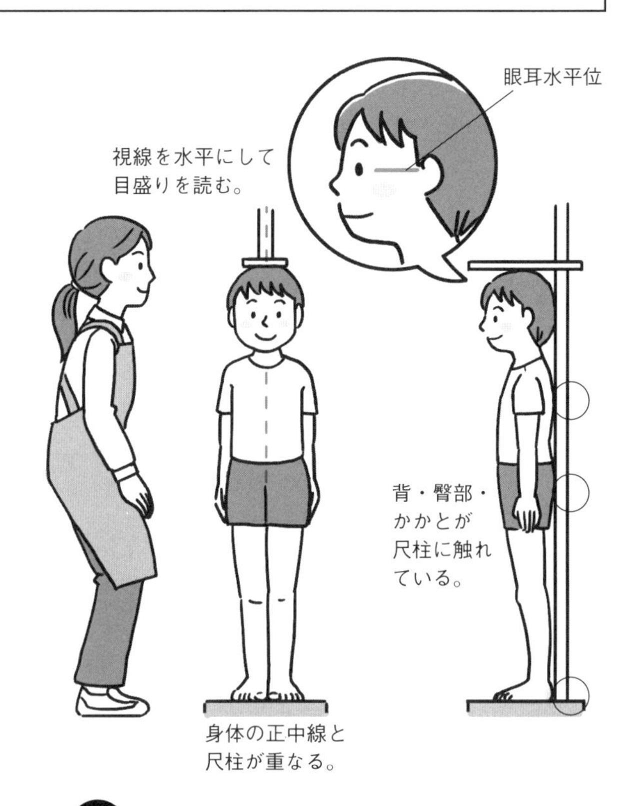

## ● 体重測定

### 目的と意義

量的発育を示す基本的な指標であり、身体の総合的な指標の一つです。身体を構成する全てのものの質量です。発育状態・栄養状態・総合的な健康状態の評価としての意義もあります。デジタル体重計も多く採用されています。

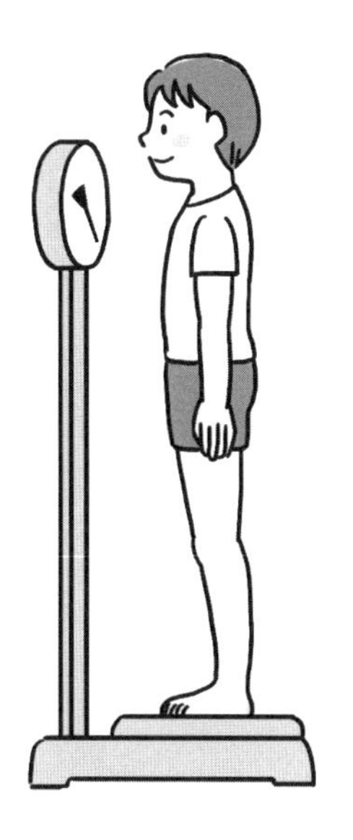


**ワンポイントアドバイス**

身長計や体重計の使い方を事前に確認しておきます。

横断的標準身長・体重曲線

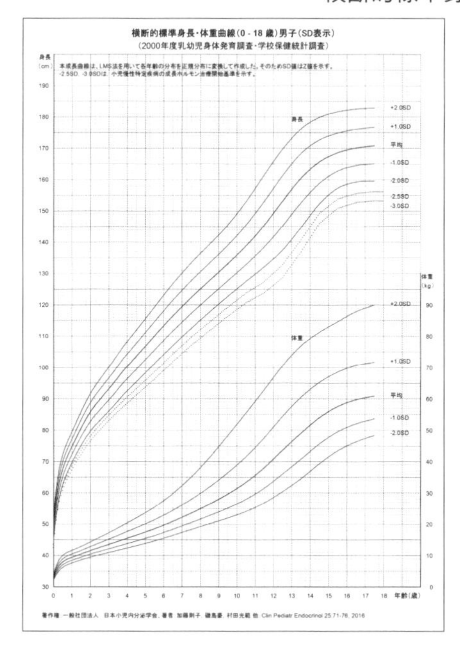


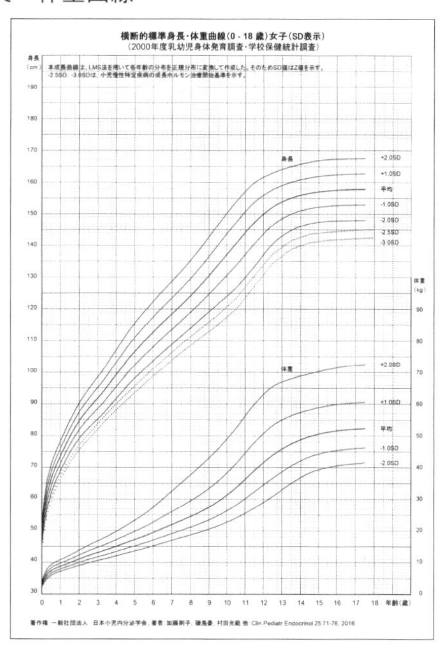


画像提供：一般社団法人日本小児内分泌学会

26i **評価**

○ 身体測定の目的と意義が理解できたか。
○ 児童生徒にわかりやすく説明ができたか。
○ 測定基準に沿って測定ができたか。また、測定方法が理解できたか。
○ 記録の仕方が理解できたか。

# 26j ★★★ 運動器検査

発育・発達の過程にある児童生徒の脊柱・胸郭・四肢・骨・関節の疾病及び異常を早期に発見し、疾病などの異常が疑われれば、医療機関に繋げます。

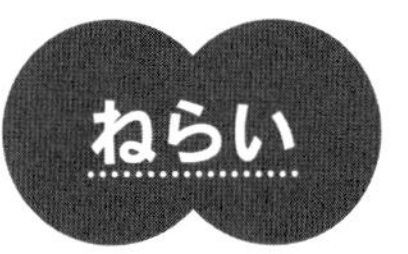

**ねらい**

（１）運動器検査の目的や意義を理解する。

**実習方法**

（１）児童生徒の保健調査票の整形外科のチェック項目や日常の健康観察の情報整理の補助をする。
（２）児童生徒管理を任せる。

### ● 運動器検査の目的と意義

児童生徒の運動器の疾患及び異常を早期に発見し、心身の成長・発達と生涯にわたる健康づくりに繋げることを目的としています。

プライバシーの保護と個人情報の管理を行いながら、家庭と連携して児童生徒の運動器の状態や習い事などの情報収集・整理をします。疾病・異常の疑いがあれば受診を勧めます。

## ● 検査例

＜腰を曲げたとき、反らしたとき＞

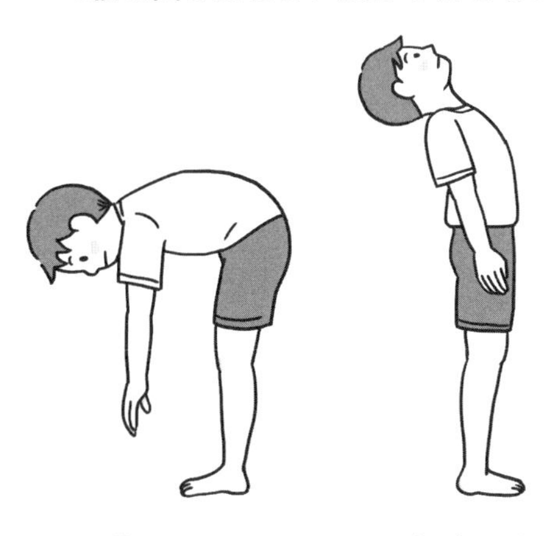

腰を曲げたり、反らしたりすると痛みがある。

＜背骨が曲がっていないか＞

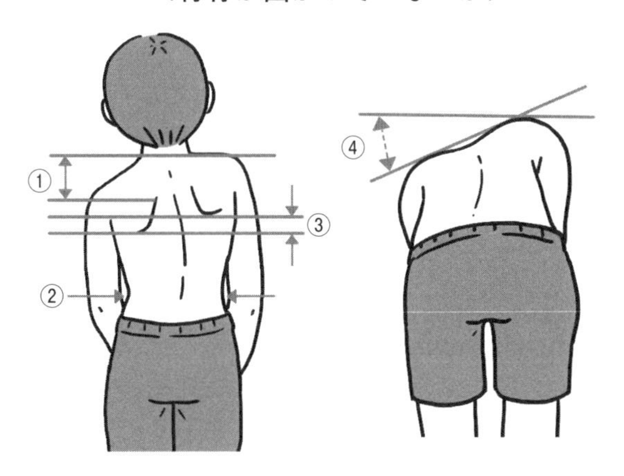


①肩の高さ　②ウエストライン（脇線）
③肩甲骨の位置　④肋骨隆起

＜片脚立ち＞

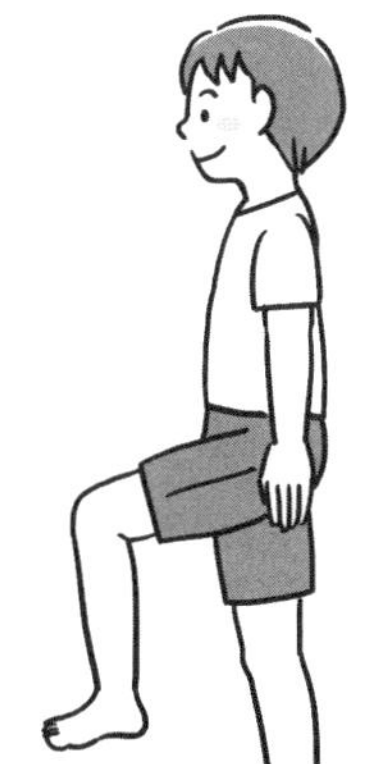

片脚立ちすると、ふらつく（左右ともにチェック）。

＜しゃがみこみ＞

ふらつく、後ろに転ぶ、しゃがみ込むと痛みがある。

＜上肢の痛みや動作＞

両腕を伸ばすと、片方だけまっすぐ伸びない。

**ワンポイントアドバイス**

運動器検査の問診票は、学校医に相談して内容を確認します。

26j
**評価**

○ 運動器検査の目的と意義が理解できたか。

# 26k ★★★ 定期健康診断の事後措置

事後措置や欠席者の受診については、学校医などと確認します。
結果や受診勧告などは児童生徒、保護者に通知をします。
統計やまとめを作成し、学校保健委員会や啓発活動に生かします。

**ねらい**

（1）事後措置や欠席者の受診について、学校医などとの連絡調整を理解する。
（2）治療勧告書や結果の通知の作成方法を理解する。
（3）健康診断結果からの保健指導の実践方法を理解する。
（4）健康診断票の記録の仕方を理解する。
（5）集計結果を全国及び各自治体などとの比較をして実習校の実態を理解する。
（6）情報収集と情報処理方法を理解する。
（7）保健統計の活用方法を理解する。

**実習方法**

（1）事後措置や欠席者の受診について、学校医などとの調整を見学する。
（2）治療勧告書や結果の通知の一部を作成する。
（3）健康診断結果を学年ごとや学校全体で集計する。
（4）健康診断結果をもとに保健指導を実施する。
（5）健康診断票や健康カードの記録をする。
（6）保健統計の一部を作成する。

## ● 総合評価と学校医・学校歯科医の役割

・健康診断を実施するにあたっては、順序立てて計画的に実施します。最終的には、学校医・学校歯科医が総合的な評価をし、指導助言を行うことになっています。外部の専門機関へ委託する検診項目もあり、多くの検診や検査、保健調査、日常の健康観察を含めて、一人ひとりの児童生徒について総合的な健康状態の把握と評価が学校医や学校歯科医の重要な役割になっています。
・総合評価を健康診断の一環と捉えるだけではなく、健康相談でも活用します。
・健康診断の評価は、健康診断票の学校医の所見欄に記入します。
・心臓、腎臓、結核等については、学校医がそれぞれの疾患や異常に基づき、生活規制面および医療面の区分を組み合わせて決定する「指導区分」に沿って、適切な措置を行います。（「学校生活管理指導表」161ページ）

## ● 事後措置の法的根拠

〈学校保健安全法〉

第１４条　学校においては、前条の健康診断の結果に基づき、疾病の予防処置を行い、又は治療を指示し、並びに運動及び作業を軽減する等適切な措置をとらなければならない。

〈学校保健安全法施行規則〉

第９条（事後措置）学校においては、法第１３条第１項の健康診断を行つたときは、２１日以内にその結果を幼児、児童又は生徒にあつては当該幼児、児童又は生徒及びその保護者（学校教育法第１６条に規定する保護者をいう。）に、学生にあつては当該学生に通知するとともに、次の各号に定める基準により、法第１４条の措置をとらなければならない。

1　疾病の予防処置を行うこと
2　必要な医療を受けるよう指示すること
3　必要な検査、予防接種等を受けるよう指示すること
4　療養のため必要な期間学校において学習しないよう指導すること
5　特別支援学級への編入について指導及び助言を行うこと
6　学習又は運動・作業の軽減、停止、変更等を行うこと
7　修学旅行、対外運動競技等への参加を制限すること
8　机又は腰掛の調整、座席の変更及び学級の編制の適正を図ること
9　その他発育、健康状態等に応じて適当な保健指導を行うこと

### ● 事後措置の実施〈例〉

1　治療勧告書の発行や、記録用紙などで結果を通知
・健康診断終了後21日以内に、本人および保護者に通知します。
・必要に応じて、家庭と協力して保健指導を行います。
・記録用紙は、学校や自治体独自の「健康カード」や「わたしのきろく」などがあり、入学から卒業までを記録できるものがあります。

2　身体測定の平均値算出と疾病異常者集計
・健康診断結果のまとめを、自治体の教育委員会へ提出します。
・学校医などを含めた学校教職員やPTAに学校保健委員会で報告します。
・データをもとに、表やグラフを使った掲示物の作成、保健教育、保健だよりなどの啓発活動に生かします。

3　通知後の指導や健康相談の実施
・肥満ややせ
・治療状況の把握と治療を促す指導（低身長や高身長なども）
・歯と口腔内の衛生週間

4　個々の健康診断票を作成し、健康カードに記録

5　学校保健統計との比較をして、実態や傾向を把握
・全国、各自治体、学校などとの比較をして把握します。
・学校保健委員会で報告し、課題の協議や具体策の検討をします。

**ワンポイントアドバイス**

事後措置について、どのように活用し、どのように指導に生かしているのか、また生かせばよいのかなど、自校の実践をいくつか紹介するとよいでしょう。

**26k 評価**

○ 事後措置の実際や方法が理解できたか。

# ★★ 臨時の健康診断

春の定期健康診断は、学校保健安全法にその実施項目とともに実施方法などが詳しく定められていますが、臨時の健康診断は必要に応じて行います。

## ● 臨時の健康診断の目的（学校保健安全法）

臨時の健康診断

児童生徒等の臨時の健康診断は、次に掲げるような場合で、必要があるときに、必要な検査の項目について行うとされています（法第13条第２項、規則第10条）。

1　感染症又は食中毒の発生したとき
2　風水害等により感染症の発生のおそれのあるとき
3　夏季における休業日の直前又は直後
4　結核、寄生虫病その他の疾病の有無について検査を行う必要のあるとき
5　卒業のとき

これらは主なる例示で、必要があるときは、臨時の健康診断を行うものとされています。

## ● 臨時の健康診断の具体例

1　水泳前の健康診断……………………… 内科や耳鼻科・眼科など
2　秋の健康診断…………………………… 身長や体重、視力、歯科検診
3　持久走前の健康診断…………………… 内科
4　結核の疑いがある者が出たとき……… 結核検診
5　食中毒が発生したとき………………… 内科
6　感染症が蔓延したとき………………… 内科・皮膚科・眼科
7　宿泊行事の前…………………………… 内科

**ワンポイントアドバイス**

臨時の健康診断は何のために行うのかを、はっきりさせましょう。目的が明白でないと、校内の協力体制が整わないばかりか、効率も悪く、事後措置もうまくいかないことがあります。

27 評価

○ 臨時の健康診断の意義や実施目的などが理解できたか。

# 28 ★体験学習

自然や生活文化などに直接触れ合う体験が乏しい現代の子どもたち。学びと社会との関わりから、知的好奇心や学ぶ意欲などに大きな影響を及ぼすといわれています。直接体験は、学習を通して得た知識や考え方をもとに、実際の生活場面でさまざまな課題に取り組む力とともに、自分自身を高め、他者とのよりよい生活を創り出していく力を育てます。

**ねらい**

（1）体験学習のねらいを理解する。
（2）実習生の経験してきた学習を振り返り、その成果を理解する。
（3）行き先によって、救急バッグの内容に配慮が必要なことを理解する。

**実習方法**

（1）キャリア教育の一環として、発達段階別（幼小中高）の体験活動を紹介する。
（2）体験学習に引率可能な機会があれば参加する。
（3）実習生が経験してきた体験活動について、成果を振り返る。
（4）救急バッグの準備をする（救急材料、衛生材料）。

### ● 体験学習では次のような成果を期待しています

1 見る・聞く・味わう・嗅ぐ・触れるなど、五感を使って具体的な体験や物事との関わりを直接感じ、感動したり「なぜ？」「どうして？」と驚いたりして知的好奇心を養う。
2 体験により得た知識や経験を、実生活や地域社会、自然との関わりの中で生かすことができる。
3 単調になりがちな学校生活に、楽しみと変化・潤いを与えて気分転換ができる。
4 行き先でお世話になる方々と出会い、コミュニケーション力を高めることができる。

## ● 体験学習にはどんなものがあるの？〈例〉

地域の川の観察

郵便局見学

地域探検（神社）

社会科見学（国会議事堂）

移動教室（ハイキング）

**ワンポイントアドバイス**

学習では履きなれた靴で、また天候や気温に対応できる衣類（出かけ先によっては、下着を含む）を準備するなどを各学級で指導のうえ、学年だより等で家庭にお知らせをします。保健室は、救急バッグの準備、低学年は１人分の下着、嘔吐物処理セットを準備し、乗り物酔いや当日の体調などの実態に合わせて対応ができるように配慮しましょう。

なお、感染症などの対策として、消毒セットの準備も忘れずにしましょう。

○ 体験学習の教育的意義が理解できたか。
○ 行き先により、救急材料や衛生材料の準備には配慮がいることが理解できたか。

# 29 ★宿泊行事

宿泊行事は、郊外の豊かな自然や文化に触れる体験を通して、学校での学習活動を充実させたり発展させたりする機会として行われます。また、教員や児童生徒、児童生徒相互の人間的な触れ合いを深め、楽しい思い出をつくる目的で行われます。各学校の実態を考慮して目的を定めて実施されています。

宿泊行事には、養護教諭の代わりに看護師が引率している自治体が多く見られます。

（1）宿泊行事と養護教諭の関わりを知る。
（2）学習指導要領のねらいを知る。宿泊行事は、小学校学習指導要領第６章（中学校・高等学校は第５章）、第２にねらいが示されていることもあわせて指導をする。

（1）実習校で実施している宿泊行事で配布する印刷物を活用して、イメージを持つ。
（2）宿泊行事期間を事故なく楽しく送るために、養護教諭はどんなことに関わるかを知る。

**宿泊行事に必要な救急材料（例）**

・救急バッグ（中・小）　・感染防止用手袋　・体温計　・はさみ　・ピンセット
・とげ抜き、毛抜き　・脱脂綿　・消毒薬　・ガーゼ　・傷軟膏、ワセリン　・鼻栓
・アルコール綿、湿布薬　・副木　・三角巾　・包帯、ネット包帯　・サージカルテープ
・ウェットティッシュ　・生理用品　・水　・ビニル袋　・日本スポーツ振興センターの申請用紙　・嘔吐物処理セット（バス台数分）　・パルスオキシメーター

※現地に準備されているものもあります。感染症対策に消毒セットを携帯させましょう。

**ワンポイントアドバイス**

児童生徒が持参する常備薬や必要なものについて、学校医や学校薬剤師のアドバイスを受け、学年とも相談して万全を期しましょう。自分に合った薬を持参することが基本です。また、実習校で作成している指導資料を参考に説明するとよいでしょう。

## ● 宿泊行事の関わり〈小学校の例〉

**宿泊行事の実施前に**

（1）内科校医による事前健康診断

①健康カードの準備（宿泊１週間前くらいからの日々の検温や健康状態などを点検する）

児童生徒が、自分自身の健康管理をすることで、自分の身体と向き合う機会となります。保護者の協力を得て養護教諭がともに点検します。宿泊期間と宿泊後１～２日まで記入できるものを準備します。

※各教育委員会が準備をしている自治体もあります。

②健康調査票の作成

保護者より、児童生徒の健康状態や乗り物酔い・持病のための常備薬などの情報を記入し、提出してもらいます。

※①と②は養護教諭が準備し、事前の保護者会にて配布し、説明します。
学校医の事前健康診断では、個々の健康情報として活用します。

（2）看護師が引率する場合（引率者が養護教諭の場合は養護教諭が実施）

上記の①と②をもとに打ち合わせをし、調査結果をお知らせします。初めて出会う児童の健康状況を看護師へ伝えて役立てます。(個人情報に留意する)

（3）児童生徒への直接的な指導

必要に応じ､女子の初潮指導や保健係に係内容を確認して指導を行います。

**宿泊行事実施中**

（1）児童生徒の保健係は、毎日の検温カードを集めて養護教諭または看護師に提出し、点検をしてもらいます。

（2）児童生徒に乗り物酔い・持病のための常備薬などがある場合は、服用する時間に声がけをしてもらいます。

（3）養護教諭または看護師への確認事項として、けがや病気があった場合、速やかに校長や教員に報告して指示を仰ぎ、病院に行く際には、日本スポーツ振興センターの災害共済給付の申請用紙を持参させます。

**宿泊行事の実施後**

（1）宿泊期間中や帰宅後の健康状態を把握するため、検温カードの回収をして、点検後には一言添えて児童生徒に返却します。

（2）健康調査票は個人情報です。検温カードとともに返却します。

29 評価

○ 宿泊行事の際の養護教諭の関わりが理解できたか。

○ 学習指導要領に記載がある行事のねらいが理解できたか。

# 30 ★入学式と卒業式

**入学式**

これから始まる学校生活に対して子どもたちは、夢と希望をもって緊張して臨んでいます。

保健室では、新入生の年齢に応じた体位や行動、健康状態などの把握をするとともに、個人の顔や名前を早く覚えて健康な学校生活が送れるように見守ります。

※行事・儀式においては、救急計画を作成し、職員に協力を求めます。

## ● 入学式当日（小学校）

1　欠席者の把握

欠席者の名前はもちろんですが、わかる範囲で欠席理由を調べます。特に、感染症での欠席は、治癒証明書の提出依頼などで家庭連絡が必要となります。

2　おもらし

体調の悪い子や緊張のあまりにおもらしをする子どもがいます。必要な物（パンツ・靴下・上履き・大判タオルなど）を、おもらし対応セットとして準備しておくと、本人の自尊感情を傷つけずにすみます。

3　養護教諭の紹介

入学式では、校長より子どもたちに養護教諭の紹介をしている学校があります。

次の日から子どもたちは、けがや病気でお世話になるかもしれません。早く名前や顔を覚えてもらうねらいがあります。印象に残るよう、明るく元気に返事をして一言添えてあいさつとします。

**卒業式**

いろいろな思い出があった子どもたちとも、今日でお別れです。家庭の事情で子どもや保護者が式に参加できないときは、特に配慮をします。よい思い出とともに、卒業をしてほしいからです。卒業後、保健室に顔を見せに来る卒業生もいます。心を込めて、成長の喜びと卒業を迎えたお祝いの言葉をかけましょう。

### ● 卒業式の前後（小学校）

1　体調の把握と管理

式当日は子どもの晴れ舞台です。体調が悪くても多少無理をして参加する子や、貧血を起こしやすい子もいます。養護教諭がすぐに対応できるように配慮します。

学校によっては、あらかじめ担架や車いすを準備している学校があります。異性の教員が成長した子どもの体に触れないようにする工夫です。

2　担任にねぎらいの言葉を

一人ひとりの教え子の成長を、間近で指導し見守ってきた日々、最高学年としての責任と重圧などの人に言えない苦労もあったことでしょう。巣立つ喜びを養護教諭として、担任へねぎらいの言葉をかけてあげられる、心の余裕を持ちたいものです。何気ない一言で、その後の人間関係もスムーズにいくことが多いものです。

3　中学校との連携

（1）日本スポーツ振興センターの災害共済給付に関する手続きの継続について、該当児の引き継ぎを行います。

（2）身体的特徴や配慮を要する事項、心配な家庭環境や成育歴・交友関係などの引き継ぎを行います。

ただし、発育途中であることや、環境が変わるので小学校だけの情報でその子を見ないよう、引き継ぎの際に中学校の養護教諭にお願いします。

**ワンポイントアドバイス**

入学式や卒業式での養護教諭の座席は、子どもたちの顔が見え、何かあってもすぐに対応できる前列の中央や入口に近い場所にします。式の内容により、ステージを活用する場合もあります。式に参加する学年もいます。各学校での実態に合わせて対応しましょう。

式場に入ったら感染症対策がしっかりなされているか、保護者が入場する前に再度点検をしましょう。（消毒用アルコール液・体温計・換気状況）

卒業式後、１年生の４月～６年生の１月までの成長を、記録にしてカードや手紙で子どもに贈りましょう。成長した自分を振り返り、関わってくれた方々に感謝しながら、これからも夢や希望に向かって前進するよう、励ましの言葉も添えましょう。

# 31 ★運動会（体育祭）

運動会（体育祭）の一番の願いは、全員がけがや熱中症などの体調不良がなく、達成感や充実感を体得することにあります。養護教諭は、本番だけではなく練習開始から、けがや疾病への予防教育と、安全対策として万が一の事故を想定した校内救急体制の確立を図るとともに、週末実施の学校が多いため、救急車の要請以外は安心のために事前に近隣の休日受診可能な医療機関への依頼をしておくことも大事です。

（1）スポーツ障害、外傷の予防について保健室でできることを理解する。
（2）救急処置の技能を高める。

（1）けがの予防のための保健教育に関わる。
　① 内容
　　・生活習慣（睡眠・栄養・運動）とけがについて
　　・ウォーミングアップ、クーリングダウンの重要性について
　　・熱中症の予防について（検温、水分補給、換気）
　② 方法
　　・保健だよりの作成
　　・掲示物の作成（保健室前に掲示）
　　・学級での指導
　　・保健室での個別の保健指導
（2）事故発生時の救急体制を確認する（協力により効果的な活動ができる）。
病院搬送手段と搬送先の確認をする。
養護教諭の指導の下、救急処置を体験させて実習とする。
（3）保健委員会児童生徒の指導について学ぶ。
　　・応急手当についての学習
　　・運動会当日の係の仕事内容
（4）救急材料、衛生材料、用具の確認と、当日の救急処置の方法について学ぶ。

## ● スポーツ障害、外傷の予防　－ 保健室でできること －

**保健室では**
・ストレッチの方法を図にして、保健室前の掲示板にはっておきます。
・保健だよりで紹介します。

### クーリングダウン

**－ 痛み、疲れを感じたらアイシング －**

運動の後も、しっかりクーリングダウンするように指導しましょう。

もし、足や肘、肩などに痛みや疲れを感じたら、氷を使ってアイシングをします。

**●アイシングの方法**

痛めた部分を冷やすと血管が収縮して、痛みや内出血、腫れを抑える効果があります。

疲れている部分に氷を当てるか、氷を転がしてマッサージをします。氷がないときは、水道水を流して冷やします。

**保健室では**
・紙コップに水を入れて、冷凍庫で氷を作っておきましょう。紙コップは、まわりを破りながら使えて便利です。
・自分でできるように、指導しましょう。

### 運動中の水分補給・熱中症予防

運動中の水分補給は、熱中症（熱けいれん・熱疲労）を防ぐ大切な役割があります。

運動中はのどがかわく前にこまめに水分補給をするように指導します。

**●体液のおもな役割**

体液は、人間の命にかかわる重要な役割をしています。そのなかで最も重要なのは、汗で熱を逃がすことで体温を一定に保ち、酸素や栄養分を細胞に届け、老廃物は尿として排出することです。

汗や尿などで失った水分をしっかり補給しないと、体液量が不足して、脱水症状を起こします。一般に体重の約３％の水分が失われると、運動能力や体温調節機能が低下し、熱中症などを起こします。

**●水だけでは自発的脱水を起こす**

たくさん汗をかいたときに、水だけを飲むと体液が薄まり、体がそれを防ぐためにのどの渇きを止め、水分補給を拒否しようとします。それを防ぐためには、体液とほぼ同じ成分のイオン飲料、スポーツ飲料をこまめに取らせることが大切です。

**保健室では**
・緊急時のために、冷蔵庫にはスポーツ飲料を入れておきます。特に、体育祭当日、夏休み中の練習日は、必ず準備しておきます。
・体育大会や大会のときは、各自が水筒にスポーツ飲料を準備するように指導します。
・保健だよりで、水分補給の重要性を強調しておきましょう。
・体育教師、部活動顧問に情報提供をするとともに、指導の徹底をお願いします。

### 生活習慣の管理

障害や外傷の要因として、第一に睡眠不足・偏食があげられます。毎日の練習だけではなく、生活習慣の管理が大切なことを指導します。

**●スポーツに必要な食事のポイント**

① まず、バランスのよい献立を心がける
② 朝食をしっかり食べる
③ タンパク質、カルシウム、鉄をとる

**●睡眠と食事の関係**

「寝る子は育つ」と言われるように、睡眠中に成長ホルモンの分泌が活発になります。寝る前の食事で、しっかり肉・魚・チーズ・卵などのタンパク質をとり、深い睡眠を十分にとることで筋肉が作られます。

**保健室では**
・学校栄養職員、栄養教諭と協力し、給食だよりに体づくりと栄養について掲載します。
・食事調査を実施。課題のある児童生徒については、保健指導を行います。
・睡眠については、特に体育祭前に全校朝礼で保健教育を行います。

### ワンポイントアドバイス

実習期間中に運動会（体育祭）が実施されることがない場合は、養護教諭による講義のみとし、運動会実施日に実習を希望する場合は、管理職に相談しましょう。

**31 評価**

○ けがや病気の予防に関する保健教育に積極的に取り組んだか。
○ 事故発生時の救急処置の仕方を理解できたか。（一人では困難）
○ 児童生徒の委員会指導に積極的に関わることができたか。

# 32 ★新入生保護者説明会・１年生保護者会

新入生保護者が対象の説明会や入学式後の１年生保護者会は、小学校または中学校への入学にあたり、学校生活に向けた準備や心構えについて確認するための場となります。養護教諭は、児童生徒が学校生活を健康で安全に過ごせるよう、健康管理や保健行事に関する保護者の理解と協力を得るために話をします。

ねらい

（１）新入生保護者説明会や入学式後の１年生保護者会への養護教諭の参画目的を理解する。
（２）保護者説明会で必要な養護教諭の役割を理解する。

実習方法

（１）実習校の資料を参考にして、保護者向け資料の内容を検討する。
（２）保護者の前で話をするときの適切な話し方や言葉遣いについて気をつけながら、保護者会の資料をもとに10分程度の説明を行う。

**ワンポイントアドバイス**

新入生保護者説明会は、年度末または入学式の後に行われることがほとんどです。よって、実習生が実際に体験することは難しいのですが、日頃の保護者との連携に必要な内容でもありますので、保護者会で伝えておくべき事項や入学のしおり等の資料作成について学びます。

## 資料　新１年生の保護者会資料〈中学校の例〉

○○年度　新入生保護者の皆様へ　　○○中学校

### 健康管理についてのお願い

ご入学おめでとうございます。いよいよ中学校生活が始まります。

中学生の時期は思春期ともよばれ、心と身体が大きく成長するときです。また、この時期は「自分探し」をしながら、悩みや不安も多く生まれるときでもあります。子どもたちの健やかな成長を願い、保護者の方々には、日常の健康管理にご配慮いただくようお願いいたします。

（1）毎日の健康管理について

① 中学校生活を健康に過ごすために、睡眠・食事・運動などの基本的な生活習慣をしっかりと身につけるようにしてください。

② 朝食は１日のエネルギー源です。必ず食べてから登校させてください。

●健康調査票の提出をお願いします。

生徒一人ひとりの健康状態を把握し、健康管理に努めてまいります。健康調査票に必要事項を記入のうえ、ご提出ください。また、緊急連絡先については、自宅・携帯・職場など、必ず連絡がとれる番号を複数ご記入ください。

（2）欠席・遅刻について

① 体調不良等で欠席または遅刻する場合は、８時 20 分までに電話にて保護者の方がご連絡くださるようお願いいたします。

（3）早退や学校管理下でけがをして医療機関を受診する場合には

① 体調不良や、学校管理下でのけが等で早退する場合があります。その際、学校からご家庭に連絡いたします。保護者の方が遠方に外出する日や、普段と異なる場所へお出かけになる日は、登校前にお子様と情報を共有していただき、生徒自身が保護者の方の予定を把握できている状態にしていただけますと有事の際に安心です。

② 学校管理下でのけが等で早急に受診が必要な場合、直接学校医や近隣医療機関に連れていく場合があります。必ず保護者の方にも事前にご連絡致しますが、指定医療機関がある場合は保健調査票のかかりつけ医欄にご記入をお願いいたします。

（4）感染症にかかった場合は

① インフルエンザ・麻しん・風しん・水痘などの学校感染症に罹った場合は、すぐに学校までご連絡ください。

② 学校感染症は出席停止となります。回復しましたら治癒証明書を持って登校してください。治癒証明書は保健室前に常備してある他、学校 HP からもダウンロードできます。

（5）スクールカウンセラーについて

現在、○○中学校には２名のスクールカウンセラーが在籍しています。学校生活や日常生活の中で生じるさまざまな悩みなどに対して、生徒・保護者問わず相談予約を受け付けております。皆さんの不安や悩み、困ったことなど一緒に考えて解決できるようにお手伝いをいたしますので、気軽にお問い合わせください。カウンセラーへの相談がある場合は、担任や養護教諭に相談したいということをお伝えいただくか、相談室直通電話○○ - ○○○○ - ○○○○までご連絡ください。

32 評価

○ 保護者説明会や保護者会に養護教諭が参画することの目的やその方法について理解できたか。

# 33 ★歯と口の健康課題への取り組み

日本歯科医師会によると、歯と口の健康は、全身の健康や生活の質の向上、健康寿命にも影響を与えるということです。養護教諭は、担任や学校歯科医等と連携しながら、人生100年時代を迎えた現代において生涯を通じた健康の保持増進のために歯科保健教育を行うことが重要です。

**ねらい**

（1）児童生徒の歯と口の健康状態について理解する。
（2）学校における歯科保健教育について理解する。
（3）学校歯科医・家庭・地域との連携の仕方を理解する。

**実習方法**

（1）歯科検診の結果から実習校の健康課題を知る。
（2）学校における歯科保健教育の場面と内容を知る。
（3）学校歯科医･家庭や地域と連携した実習校の活動を知る。

**ワンポイントアドバイス**

実習校の課題がわかるように健康診断結果のデータを準備しておくとよいでしょう。

年間を通して、歯科保健活動を行う機会があることを確認できるとよいでしょう。

## ● 歯科保健活動年間計画〈小学校の例〉

| 時期 | 活動 | 対象 | 方法・内容 |
|---|---|---|---|
| 4月～6月 | 定期健康診断 | 全学年 | 学校歯科医による健康診断 |
| 6月 | 歯みがきポスター<br>歯と口の健康作文<br>歯と口の衛生週間<br>歯みがき大会 | 希望者<br><br>全学年<br>4年生 | 入賞者は自治体や学校で表彰、保健だより等で紹介、学校内に掲示<br>朝会にて学校歯科医による講話<br>歯みがき大会に参加 |
| 8月 | 夏休み体験活動 | 希望者 | 学校歯科医等地域と連携した指導 |
| 10月 | 歯みがき指導 | 3年生 | 学校歯科医・歯科衛生士による指導 |
| 11月 | いいはの日<br>歯みがきカレンダー<br>秋の歯科検診 | 全学年 | 歯みがきカレンダー配布、回収し評価<br>児童保健委員会による啓発<br>学校歯科医による健康診断<br>養護教諭による保健教育 |
| 12月 | かみかみデー | 全学年<br>希望者 | よくかむことのできる給食<br>かみかみセンサーを使用した実験 |
| 2月 | 学校保健委員会 | 教職員<br>保護者<br>地域 | 養護教諭より自校の歯科健康課題とその対策について<br>学校歯科医による講話 |

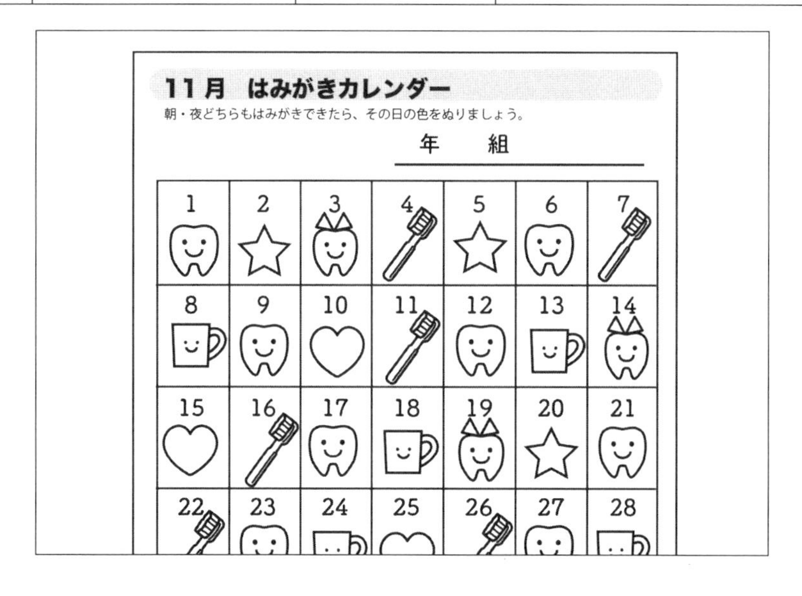

○ 児童生徒の歯と口の健康状態の実態把握ができたか。
○ 歯科保健教育のねらいや指導方法について理解できたか。
○ 学校歯科医や家庭地域との連携の方法を理解できたか。

# 34 ★避難訓練

地震や津波による被害が繰り返し発生している日本においては、災害発生時に児童生徒等が常に安全に避難できるよう、その実践的な態度や能力を養うとともに、災害時に地域や家庭において、自ら進んで他の人々や集団、地域の安全に役立つことができるようになることを目指した避難訓練を実施します。

（1）学校における災害時の避難方法を理解する。
（2）災害時における養護教諭の役割について理解する。

（1）学校保健安全法第29条に規定されている「危険等発生時対処要領」を確認する。
（2）実習校の避難訓練実施計画を確認する。
（3）避難訓練の方法について知る。
（4）保健室において、災害時に備える救急バッグの内容を確認する。
（5）災害時の養護教諭の役割を確認する。

**災害時における救急バッグの内容（例）**

□ ＡＥＤ　□ 医薬品類　□ 携帯用救急セット（ガーゼ・包帯・副木等）　□ 懐中電灯
□ マスク　□ 消毒液（消毒用アルコール液）　□ 水
□ ペーパータオル・ティッシュ　□ 医療ニーズのある児童生徒のための予備薬・器具等

**災害時における必要な物品（例）**

□ 担架　□ 車いす　□ ビニール袋（大・小）　□ アイスボックス

参考『学校防災マニュアル（地震・津波災害）作成の手引き』文部科学省（2012）

**ワンポイントアドバイス**

保健室では、常に救急バッグ・必要書類等の保管場所を確認し、いざというときに備えておくことが大事です。
また、校内の備蓄倉庫の場所を確認しておきましょう。

## ● 学校保健安全法 第二十九条（危険等発生時対処要領の作成等）

学校においては、児童生徒等の安全の確保を図るため、当該学校の実情に応じて、危険等発生時において当該学校の職員がとるべき措置の具体的内容及び手順を定めた対処要領（次項において「危険等発生時対処要領」という。）を作成するものとする。

2　校長は、危険等発生時対処要領の職員に対する周知、訓練の実施その他の危険等発生時において職員が適切に対処するために必要な措置を講ずるものとする。

3　学校においては、事故等により児童生徒等に危害が生じた場合において、当該児童生徒等及び当該事故等により心理的外傷その他の心身の健康に対する影響を受けた児童生徒等その他の関係者の心身の健康を回復させるため、これらの者に対して必要な支援を行うものとする。

## ● 避難訓練の方法

1　地震を想定した訓練

（1）緊急地震速報に対応する訓練

地震に対する避難訓練

緊急地震速報の音源を利用し、直後にやってくる大きな揺れに対して、「落ちてこない・倒れてこない・移動してこない」場所に身を寄せる行動訓練

（2）地震動を感知し、身の安全を守る訓練

わずかな揺れを感知した時点で緊急地震速報受信時と同じように、「落ちてこない・倒れてこない・移動してこない」場所に身を寄せる行動訓練

（3）地震動終息後、より安全な場所に移動する訓練

より安全な場所に素早く移動し、集合する行動訓練

（4）保護者への引き渡し訓練

保護者への引き渡し方法を確立し、実際に保護者とともに訓練をし、下校経路での危険を想定し、より安全な経路を通る訓練

2　火災を想定した訓練

消防署への通報、避難誘導、初期消火、非常時持ち出し品の搬出等の訓練

3　津波を想定した訓練

津波災害から避難するために、津波が到達する前に、津波より高い場所に一刻も早く避難する訓練

34 評価

○ 学校における災害時の避難方法が理解できたか。

○ 災害時における養護教諭の役割について理解できたか。

# 35 ★ 安全教室・防犯教室

学校は、児童生徒の安全を確保するだけではなく、児童生徒が生涯にわたって健康・安全で幸福な生活を送るための基礎を培うとともに、進んで安全で安心な社会づくりに参加し、貢献できるような資質・能力を育てる役割も担っています。

すべての児童生徒等が安全に関する資質や能力を身につけることを目指して、学校安全の領域である「生活安全」「交通安全」「災害安全」などに関する安全教室や防犯教室等を学校行事として実施している学校が増えています。安全教室は、生活指導部を主として計画・実施されることが多く、養護教諭もその専門性を生かして計画の段階から参画する場合があります。

**ねらい**

（1）安全教室の意義やその計画・実施の実際を理解する。
（2）安全教室の実施に際して、養護教諭がどのように関わっているかを理解する。

（1）実習校の安全教室実施要項をもとに、計画・実施の流れを学ぶ。
（2）安全教室の実施に際し、養護教諭としてどのように関わることができるのかを学ぶ。

**ワンポイントアドバイス**

日ごろ、児童生徒と接する中で「これは危険」と感じたことは逃さずキャッチし、生徒指導部会や管理職に情報提供を行い、連携しながら対応しましょう。

また、実際に事件・事故等の発生時における心のケアについても、平常時からの備えや組織整備が必要です。

## ● セーフティ教室（東京都の場合）

東京都では「児童・生徒の健全育成の活性化及び充実を図るとともに、家庭・学校・地域社会の連携による非行・犯罪被害防止教育の推進に資する」ことをねらいとして、すべての公立小・中・都立学校でセーフティ教室を実施しています。セーフティ教室は２部構成となっており、非行・犯罪防止の学習の後には、学校と保護者・地域住民による意見交換会が開かれ、家庭・学校・地域社会の三者連携によって児童生徒を非行や犯罪から守る取り組みが推進されています。

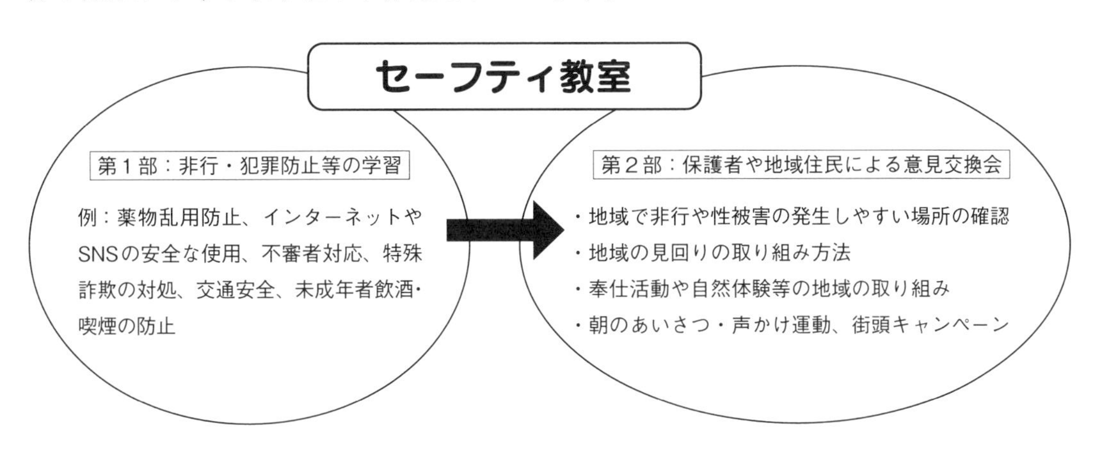


## ● 事故発生時におけるストレス症状への対応

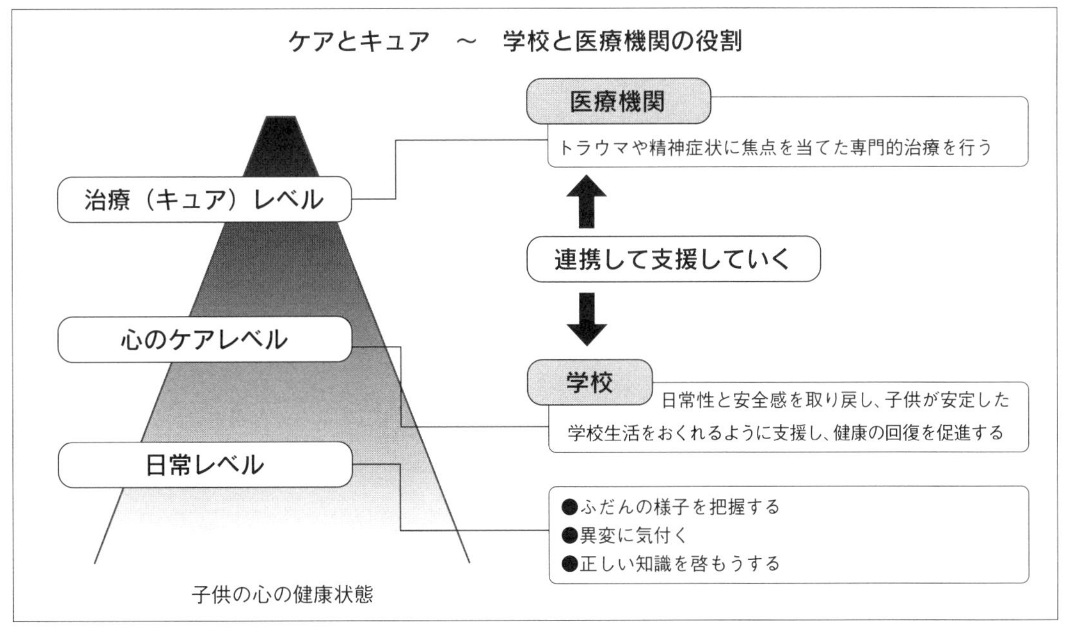


出典：『学校における子供の心のケア―サインを見逃さないために―』文部科学省（2014）

35 評価
○ 安全教室の意義について理解できたか。
○ 安全教室の実施と養護教諭の役割について理解できたか。

# 36 ★文化祭

文化祭は、保健教育を広げるうえで絶好の機会です。現在の学校の健康課題からテーマを設定し、課題解決に向けて効果が上がるよう、内容を検討します。
また、養護教諭は生徒の主体的な活動となるように注意しながら、指導にあたることが大切です。

**ねらい**

（1）文化祭も保健教育を広げる機会があることを理解する。

**実習方法**

（1）学校の健康課題からテーマを考える。
・薬物乱用防止　・感染症の理解と予防
・生活習慣病　・喫煙、飲酒予防
・心の健康　・歯、歯周疾患など
（2）生徒保健委員会に参加し、生徒の意見を求める。
（3）発表の方法について学ぶ。
・研究発表（プレゼンテーション）
・展示発表　・保健劇　・実験、計測など
（4）文化祭発表までの進め方について学ぶ。
（5）生徒保健委員会の指導方法について学ぶ。

### ● 保健劇の進め方〈例〉

1　テーマと内容を決めます。
まず､自分の学校の健康課題に応じた内容の選択をします。生徒保健委員会で、今、自分たちを取り巻く健康に関する問題を考えさせ、テーマと内容を決定します。

2　生徒の手で台本を作成します。
（1）保健劇を通して「何」を観客に伝えたいかを話し合います。健康課題を確認したうえで、ストーリーを考えさせることが重要です。例えば、薬物乱用防止がテーマなら「薬物はたった１回でもダメ！」ということを観ている人に印象づけられるような内容をつくっていきます。
（2）事前学習として、保健室にある資料を見たり、ほかの専門機関などへ「調べ学習」に行ったりなどを、保健委員会で行います。

（3）生徒へのアンケートを実施します。発表の中に、自分の学校のデータがあると、生徒たちはより興味、関心をもって見ます。あまり項目が多いとその集計だけで大変になってしまうので、簡単に２～３項目くらいがよいです。

（4）台本は、事前に学習した内容やアンケート調査の結果などを盛り込み、完成させます。ストーリーは、生徒たちの豊かな発想に期待します。

3　キャストとスタッフに分かれて練習を開始します。

（1）「キャストの練習時間」これが難問。部活動ではないので、なかなか放課後に設定するわけにもいきません。一幕ごとに昼休みを利用するなど配慮します。全員がそろっての練習は、本番前の３日間で十分でしょう。

（2）スタッフは、説明に必要な画像を作成します。パソコンのパワーポイントのスライドショーなどを活用します。

4　そして発表当日を迎えます。

保健劇は、ただ「おもしろかった」「感動した」などの評価をもらってもその目的を達成したとは言えません。つまり、保健教育の一つの手段として劇を演じるのですから、「健康に関する知識や理解を深めることができたか」という評価が大切なのです。

文化祭は、生徒保健委員会の活動の場として絶好のチャンスです。研究発表というかたちで、一歩進めてみてはいかがでしょうか。保健委員会の生徒たちの達成感、充実感から全校への保健教育の輪が広がっていきます。

**ワンポイントアドバイス**

テーマと内容が決まったところで、分掌部会（保健部など）→企画委員会→職員会議と段階を経て、教職員の理解と協力を求めておくことが大切です。

また、生徒保健委員会のメンバーによっては発想が豊かでない年もあります。そんなときは、あきらめず、陰のプロデューサーとして養護教諭が登場し、ヒントを出しながら完成へと導きましょう。

36 **評価**

○ 文化祭も保健教育を広げる機会となることが理解できたか。

# 37a ★★★ 保健教育

学校における保健教育は児童生徒の健康課題を解決するために、重要な役割を果たしています。保健教育は、教育活動全体を通じて、学校保健年間計画に基づいて、体育科・保健体育科、特別活動、総合的な学習の時間、その他関連する教科､日常生活における指導及び子どもの実態に応じた個別指導において、教育課程を中心に捉えながら組織的かつ計画的に推進していきます（＝カリキュラム・マネジメント)。

養護教諭は、児童生徒の実態、地域や保護者の実態、社会の現状を把握し、保健教育の推進に企画力、応用力を発揮することが求められます。

（1）学校保健年間計画と保健教育の関わりについて理解する。
（2）集団への指導案を作成し、実施できるようにする。

（1）実習校の学校保健年間計画を学ぶ。
（2）指導案作成や対象学級の調整などの準備をする。
（3）教科、担当者の授業を見学する。

## ● 保健教育活動

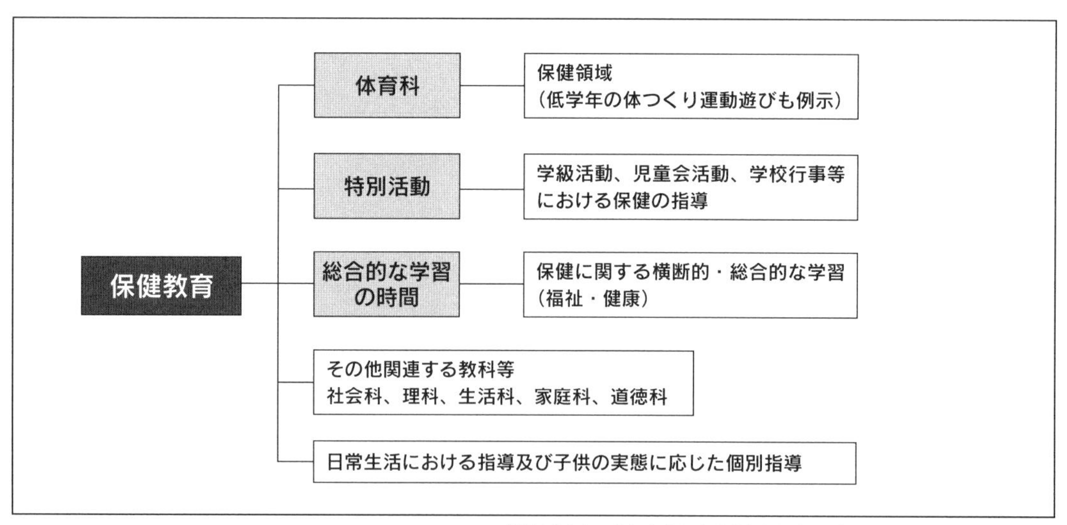


『改訂「生きる力」を育む小学校保健教育の手引き』文部科学省（2019）

## ● 養護教諭の役割

中央教育審議会答申では、「現代的な諸課題に対応して求められる資質・能力」のひとつとして「健康・安全・食に関する力」についての資質・能力が次のとおり示されています。

ア「様々な健康課題、自然災害や事件・事故等の危険性、健康・安全で安心な社会づくりの意義を理解し、健康で安全な生活を実現するために必要な知識や技能を身に付ける（知識・技能）」

イ「自らの健康や安全の状況を適切に評価するとともに、必要な情報を収集し、健康で安全な生活を実現するために何が必要かを考え、適切に意思決定し、それを表す力を身に付ける（思考力・判断力・表現力等）」

ウ「健康や安全に関する様々な課題に関心を持ち、主体的に、自他の健康で安全な生活を実現しようとしたり、健康・安全で安心な社会づくりに貢献しようとしたりする態度を身に付ける（学びに向かう力・人間性等）」

出典：『生きる力を育む保健教育の手引き』文部科学省（2019）

平成20年の中央教育審議会答申においても、深刻化する児童生徒の現代的な健康課題の解決に向けて、学級担任や教科担任等と連携し、養護教諭の有する知識や技能などの専門性を保健教育に活用することが求められており、保健教育に果たす養護教諭の役割が大きくなっています。

## ● 保健教育と養護教諭の関わり

**保健教育は教育活動全体を通して行われる**

**体育科（保健領域）**
**保健体育科（保健分野）等**

・学習指導要領に示された内容
・兼職発令を受けた養護教諭または担任、体育科教諭とＴＴで指導にあたる

**特別活動**
**（学級活動・児童（（生徒））会活動・学校行事等における保健の指導）**

・児童生徒が直面する健康安全に関する内容
・養護教諭は担任に協力する
・保健委員会活動の指導、助言にあたる

**総合的な学習の時間**
**保健に関する横断的・総合的な学習（福祉・健康）**

・教科の枠を超えた横断的・総合的学習
・養護教諭は積極的に健康に関する企画に参画する

**その他関連する教科等**
**（社会科・理科・生活科・家庭科・道徳科）**

・教育課程を中心に据えながらカリキュラム・マネジメントを行う
・養護教諭は健康に関連する内容にＴＴで参加したり、教材の提供を行ったりする

**日常生活における指導及び子どもの実態に応じた個別指導**

・養護教諭として個々の健康課題に対応する
・保健室における個別指導、小グループへの保健の指導を行う

# 37b ★★★ 保健教育
# 体育科（保健領域）・保健体育科（保健分野）

保健教育の体育科・保健体育科において、児童生徒の発達段階を考慮しながら、小学校・中学校・高等学校を通じて系統性のある指導を行うことが大切です。

いじめ、不登校、薬物乱用、性の逸脱行動、がんなどの現代的な健康課題に対し、養護教諭は、専門性を生かして担任や学校医等と連携しながら保健教育にあたります。

（１）児童生徒の実態や指導方法について理解する。
（２）指導教材や指導案の作成方法を理解する。
（３）評価の方法について理解する。

（１）養護教諭や、担任、保健体育教諭から、体育科・保健体育科の保健の指導について学ぶ。
（２）体育科・保健体育科の授業参観を通し、指導方法を学んだり、児童生徒の様子について把握したりする。
（３）学習指導要領に準じた保健教育指導案を作成し、指導する。
（４）評価を行い、課題について検討する。

**ワンポイントアドバイス**

実習校の健康課題にも触れると、より身近で生活に根ざした教育となります。保健室利用状況や健康診断結果等、実習校の実態がわかる資料を準備しておくとよいでしょう。

また、教員採用候補者選考の２次試験で、学習指導案の作成や模擬授業について問われる自治体もあります。養護教諭だけではなく、担任や保健体育科教諭からも指導を受ける機会を作りましょう。

## ● 保健における内容の系統性

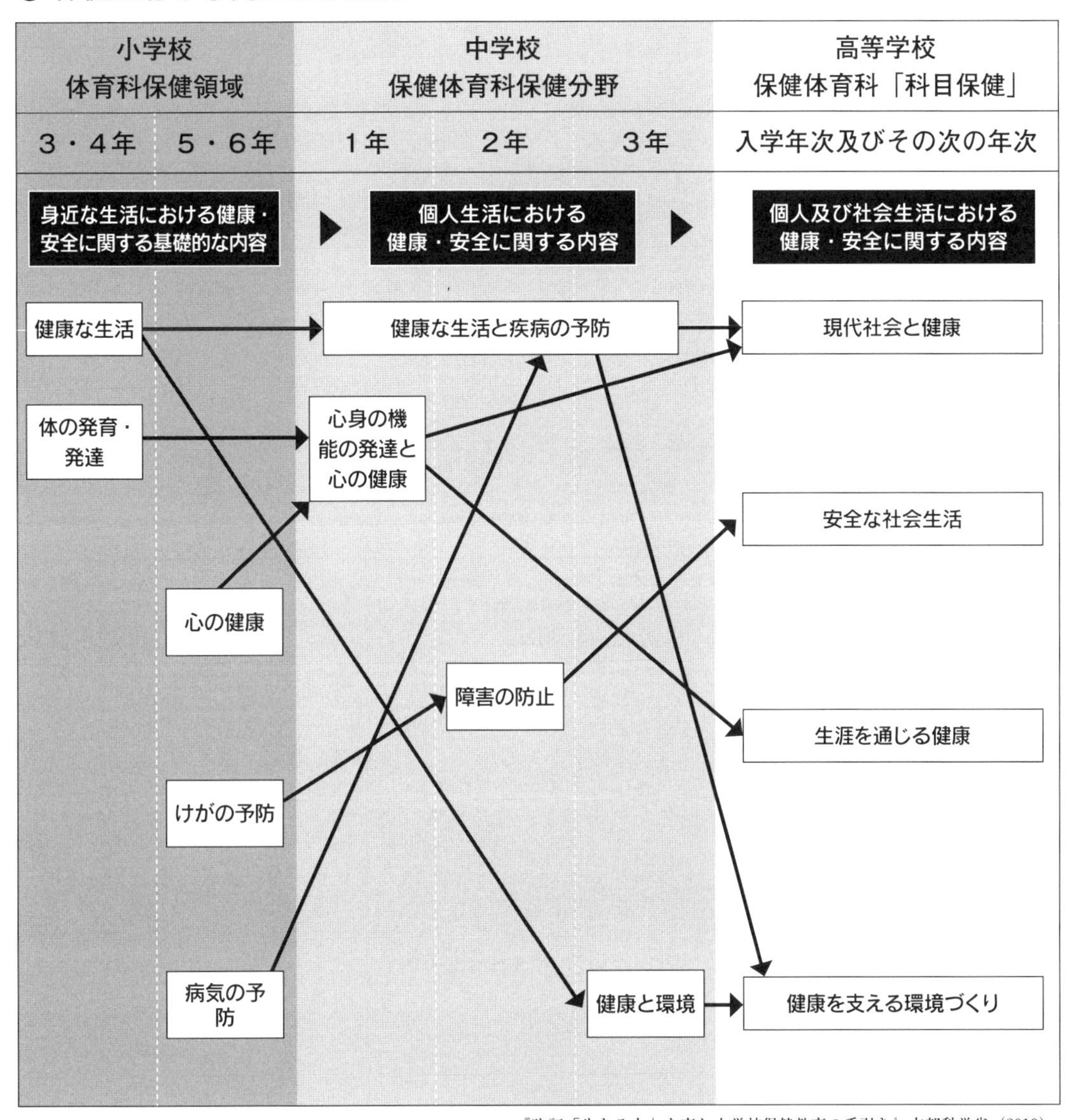


『改訂「生きる力」を育む小学校保健教育の手引き』文部科学省（2019）

37b
**評価**

- ○ 保健教育の意義や手順、担任との連携について理解できたか。
- ○ 学習指導要領に準じた学習指導案を作成できたか。
- ○ 研究授業を振り返り、課題と改善方法について考えることができたか。

## ● 体育科・保健体育科における保健の内容（学習指導要領　平成 29 年・30 年）

| 小学校　3 年 | 4 年 | 5 年 | 6 年 |
|---|---|---|---|
| （1）健康な生活<br>（ア）健康状態と主体と環境の関わり<br>（イ）健康と運動、食事、休養、睡眠、体の清潔<br>（ウ）健康と生活環境 | （2）体の発育・発達<br>（ア）体の年齢に伴う変化と個人差<br>（イ）思春期の体の変化と異性への関心<br>（ウ）よりよく発育・発達させるための運動、食事、休養、睡眠 | （1）心の健康<br>（ア）心は経験を通して年齢に伴って発達すること<br>（イ）心と体には密接な関係があること<br>（ウ）不安や悩みへの対処の方法<br>（2）けがの防止<br>（ア）けがの防止のための行動と環境<br>（イ）けがの簡単な手当 | （3）病気の予防<br>（ア）病気の起こり方<br>（イ）病原体がもとになる病気の予防<br>（ウ）生活行動がもとになる病気の予防<br>（エ）喫煙・飲酒・薬物乱用と健康<br>（オ）地域における保健活動 |

| 中学校　1 年 | 2 年 | 3 年 |
|---|---|---|
| （1）健康な生活と疾病の予防<br>（ア）健康の成り立ちと疾病の発生要因<br>（イ）年齢・生活環境に応じた運動、食事、休養、睡眠<br>（2）心身の機能の発達と心の健康<br>（ア）心身の機能の発達と個人差<br>（イ）思春期における生殖機能の成熟、適切な行動の必要性<br>（ウ）精神機能の発達、思春期における自己形成<br>（エ）精神と身体の相互関係<br>欲求やストレスの心身への影響やその対処 | （1）健康な生活と疾病の予防<br>（ウ）生活習慣の乱れと生活習慣病の予防<br>（エ）喫煙、飲酒、薬物乱用と健康の損失<br>薬物乱用等の行為に対する適切な対処<br>（3）傷害の防止<br>（ア）交通事故、自然災害における人的要因や環境要因と傷害<br>（イ）交通事故による傷害の防止<br>（ウ）自然災害による傷害の防止<br>（エ）応急手当 | （1）健康な生活と疾病の予防<br>（オ）感染症の発生要因と予防<br>（カ）健康の保持増進、疾病予防のための社会の取組と保健、医療機関の利用、医薬品の正しい使用<br>（4）健康と環境<br>（ア）身体の環境に対する適応能力、環境の健康への影響、よい生活のための温度、湿度、明るさ<br>（イ）飲料水や空気の健康への関わり、衛生的な基準の管理<br>（ウ）廃棄物の処理と環境の保全 |

| 高等学校 | | |
|---|---|---|
| （1）現代社会と健康<br>（ア）健康の考え方<br>（イ）現代の感染症とその予防<br>（ウ）生活習慣病などの予防と回復<br>（エ）喫煙、飲酒、薬物乱用と健康<br>（オ）精神疾患の予防と回復 | （2）安全な社会生活<br>（ア）安全な社会づくり<br>（イ）応急手当<br>（3）生涯を通じる健康<br>（ア）生涯の各段階における健康<br>（イ）労働と健康 | （4）健康を支える環境づくり<br>（ア）環境と健康<br>（イ）食品と健康<br>（ウ）保健・医療制度及び地域の保健・医療機関<br>（エ）様々な保健活動や社会的対策<br>（オ）健康に関する環境づくりと社会参加 |

采女智津江編集代表『新養護概説〈第 12 版〉』少年写真新聞社（2022）

## ● 評価について

学習指導要領（平成29年告示）において、目標及び内容が資質・能力の三つの柱で再受理されたことを踏まえ、各教科における観点、別学習状況の評価の観点については、「知識・技能」「思考・判断・表現」「主体的に学習に取り組む態度」の３観点に整理されています。

学習評価を通し、保健室で関わるときとは別の視点で児童生徒を見ることができるため、より理解を深め保健教育活動や支援に生かすことにも繋がります。

| 評価の観点 | 観点の趣旨 |
|---|---|
| 知識・技能 | 各教科等における学習の過程を通した知識及び 技能の習得状況について評価を行うとともに、それらを既有の知識及び技能と関連付けたり活用したりする中で、他の学習や生活の場面でも活用できる 程度に概念等を理解したり、技能を習得したりしているかを評価します。 |
| 思考・判断・表現 | 各教科等の知識及び技能を活用して課題を解決する等のために必要な思考力、判断力、表現力等を身につけているかどうかを評価します。 |
| 主体的に学習に取り組む態度 | 知識及び技能を獲得したり、思考力、判断力、表現力等を身につけたりするために、自らの学習状況を把握し、学習の進め方について試行錯誤するなど自らの学習を調整しながら、学ぼうとしているかどうかという意思的な側面を評価します。 |

## ● カリキュラム・マネジメントの一環としての指導と評価

児童生徒の学習状況を評価し、その結果を学習や指導、教育課程、組織運営等の改善に生かすことが重要です。

学習指導と学習評価は、教育課程に基づいて組織的かつ計画的に教育活動の質向上を図る「カリキュラム・マネジメント」の中核的な役割を担っています。

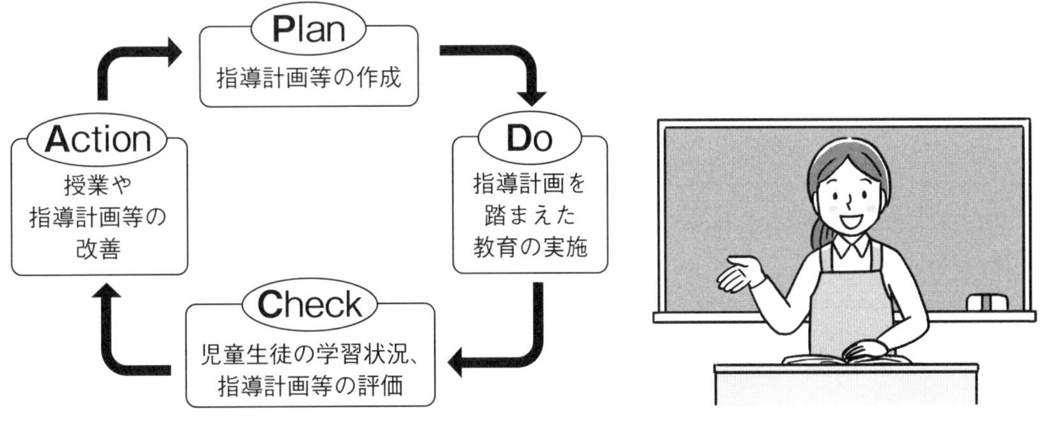


『学習評価の在り方ハンドブック』国立教育政策研究所（2019）

37c ★★★ 保健教育

# 養護教諭の兼職発令

平成９年12月の教育職員養成審議会答申に、これからの養護教諭について次のことが述べられています。

○ いじめ、登校拒否、薬物乱用、性の逸脱行動等の深刻な問題に対処する。
○ 児童生徒の健やかな心身の発達を援助する。
○ 養護教諭の有する知識および技能の専門性を教科指導に活用する。

このことにより、さまざまな健康問題の解決に一層の効果をあげることが期待されました。すなわち、これからの養護教諭は、問題が起きた場合の保健室での対応はもとより、問題が起こる前の健康教育への積極的な関わりが打ち出されたのです。

**ねらい**

（１）養護教諭の兼職発令の法的根拠、配慮事項について理解する。
（２）体育科・保健体育科の学習方法・学習内容・評価について理解する。

**実習方法**

（１）養護教諭の兼職発令の法的根拠、配慮事項について確認する。
（２）保健体育科教諭ほか､他教科の先生方の授業見学を行い、学習方法・学習内容・評価方法を学ぶ。
（３）保健体育科教諭の指導のもと、学習指導案を作成し、実際に授業を実践する。できれば、研究授業を行い、管理職をはじめ授業を参観した先生方から指導・講評していただく。

## ● 養護教諭の兼職発令について

教育職員免許法付則第14項
養護教諭の免許状を有する者（三年以上養護をつかさどる主幹教諭又は養護教諭として勤務したことがある者に限る。）で養護をつかさどる主幹教諭又は養護教諭として勤務しているものは、当分の間、第三条の規定にかかわらず、その勤務する学校（幼稚園及び幼保連携型認定こども園を除く。）において、保健の教科の領域に係る事項（小学校、義務教育学校の前期課程又は特別支援学校の小学部にあつては、体育の教科の領域の一部に係る事項で文部科学省令で定めるもの）の教授を担任する教諭又は講師となることができる。

## ● 養護教諭が授業参画する意義

（1）児童生徒の健康実態や生活実態を踏まえた指導ができる
（保健室来室状況や発育発達状況、疾病の状況などのデータを示すことができる）

（2）健康問題について実践的な方法が提示でき、児童生徒に主体的な行動や関心意欲を効果的に引き出すことに繋げることができる
（日常の健康行動の変容に繋げることができる。手洗い方法等）

（3）学級担任や教科担任との間で健康課題に関する共通理解が深まる
（さらに学級活動や関連教科においてティーム・ティーチング（ＴＴ）で指導する機会を設けることができる）

（4）養護教諭がもつ、最新の情報を取り入れた指導ができる
（学習指導要領から外れないこと。教科書にない関連した資料を提示することができる）

（5）指導後、児童生徒の個別指導や全校生徒への啓発指導に繋げることができる
（保健室内外に関連した教材を掲示する。保健だよりに授業の内容を記事にし、保護者へ知らせる。教材を用いた個別指導を行う等活用することができる）

## ● 兼職発令を受けて教科保健を担当するうえでの配慮事項

（1）全教職員の共通理解を得るようにします
　養護教諭が教科保健を担当するにあたり、学年・時数等を職員会議で学校長より全教職員に周知し、協力を依頼します。

（2）校内の救急体制を日常よりしっかりと確立させておきます
「養護教諭が教室に行って授業をしている間、保健室はどうするのか」など他の教員から不安の声もあります。養護教諭が遠足や宿泊行事、出張などで保健室が不在になるときと同様に日頃から校内の救急体制を確立させておきます。

（3）養護教諭の専門性を生かせる教科保健を実践します
①養護教諭の職務の特質や保健室の機能を生かせる指導内容にします。
②学習指導要領を理解しておきます。
③打ち合わせを行い、担当する単元を設定します。

### ワンポイントアドバイス

　養護教諭として３年未満で、兼職発令を受けられない場合でも、ティーム・ティーチングで教科保健に参画することができます。目的をはっきりさせ、保健体育科教諭、担任との事前の打ち合わせを十分に行う必要があることを指導しましょう。

37c
評価

○ 養護教諭の兼職発令の法的根拠、配慮事項について理解できたか。
○ 体育科・保健体育科の学習方法・学習内容・評価について理解できたか。

## ● 年間計画の作成にあたって

保健教育（小学校は３年生以上の体育科保健領域、中学校は保健体育科保健分野、高等学校は保健体育科科目保健）に関連する教科指導をする場合は、各学校の体育科の「年間計画」に沿った計画を立てていきます。

あらかじめ学年や保健体育科教諭と十分に話し合い、時間割の照合と分担の調整を行い、実施時期と扱う単元の内容を一覧表にしておくことで全職員へ周知でき、養護教諭の兼職発令に対する理解や救急体制への協力が得られやすくなります。実習生が保健教育を実施する際、指導計画にも役立てます。

なお、兼職発令を受けての教科保健は、校長の考えを含め、学校の実態に合わせて取り組むように指導します。

## ● 体育科保健領域計画〈小学校の例〉

※外部協力者がいる場合は、多少の時間延長があるかもしれません。学年と相談して調整を図ります。

○○年○○月○○日

○○年度体育科保健領域計画（案）

保健担当○○

| 実施日時 | 学年（または学級）で扱う単元と時数 | 指導形態 | 外部協力者の有無 |
|---|---|---|---|
| | **3年　毎日の生活とけんこう（4H）** | | |
| 月　日（火）5時間目 | 1次「わたしたちの生活とけんこう」 | 担任 | 無 |
| 月　日（金）4時間目 | 2次「リズムある生活を送ろう」 | 養護教諭 | 有…学校医（ビデオ） |
| 月　日（金）4時間目 | 3次「身のまわりのせいけつ」 | 養護教諭 | |
| 月　日（火）5時間目 | 4次「かんきょうを整える」 | TT | 有…学校薬剤師 |
| | **4年　育ちゆく体とわたし（4H）** | | |
| 月　日（月）2時間目 | 1次「大きくなってきたわたしのからだ①」 | TT | 無 |
| 月　日（水）3時間目 | 2次「大きくなってきたわたしのからだ②」 | 担任 | 無 |
| 月　日（月）3時間目 | 3次「大人に近づくからだ」 | 養護教諭 | 無 |
| 月　日（火）5時間目 | 4次「体の中でも始まっている変化」 | 養護教諭 | 無 |
| | **5年　けがの防止（4H）** | | |
| | **心の健康（4H）** | | |
| 月　日（月）2時間目 | 1次「心の発達」 | 担任 | 無 |
| 月　日（火）4時間目 | 2・3次「心と体のつながり」 | TT | 無 |
| 月　日（火）4時間目 | 4次「不安や悩みをかかえたとき」 | TT | 有…スクールカウンセラー |
| | **6年　病気の予防（8H）** | | |
| 月　日（木）1時間目 | 1・2次「病気とその起こりかた①・②」 | 担任 | 無 |
| 月　日（月）1・2時間目 | 3・4次「生活の仕方と病気①・②」 | TT | 有…保健師 or がん経験者 |
| 月　日（木）5時間目 | 5次「飲酒の害」 | 養護教諭 | 無 |
| 月　日（月）1時間目 | 6次「たばこの害」 | 養護教諭 | 無 |
| 月　日（木）5時間目 | 7次「薬物乱用の害」 | TT | 有…薬物専門家 or 薬剤師 |
| 月　日（金）5時間目 | 8次「地域のさまざまな保健活動」 | TT | 無 |

日時に変更があった場合には、再度連絡をします。また、後日上記をもとに日程と出張学級の一覧表を配布します。

# 37d ★★★ 保健教育
# 特別活動〈学級活動・児童会（生徒会）活動〉

小学校（中学校）の特別活動は、学級活動、児童会（生徒会）活動、クラブ活動（小学校のみ）、学校行事からなります。保健教育は、教育活動の全体を通して行われますが、学級活動では主に、「（２）日常の生活や学習への適応と自己の成長及び健康安全」で扱われています。また、児童会（生徒会）活動では保健委員会活動（学校の実情により委員会名が異なる場合があります）、学校行事では健康安全・体育的行事などで扱われています。

（１）実習校の「特別活動年間計画」を理解する。
（教育計画・特別活動の冊子を準備）
（２）学級活動や児童会（生徒会）活動、学校行事において保健教育が行われていることを理解する。

（１）特別活動年間計画の一覧から、保健教育がいつ、何をテーマに指導が実施されているかを確認する。
（２）学級活動で保健教育を実施する場合の希望があれば、テーマを考え題材を決める。※児童会（生徒会）活動や学校行事での保健教育でもよい。
（３）学年･学級の実態の把握、教材研究と指導案の作成及び、教材教具を作成する。
（４）学級活動や児童会（生徒会）活動、学校行事などの中で保健教育を体験する。
（５）授業研究を実施し、自他の評価と振り返りをする。

### ● 特別活動での保健教育〈小学校の例〉

| | |
|---|---|
| 学級活動 | 保健分野での月目標に沿った指導内容、感染症対策、生命誕生や心身の成長、生活習慣の確立など健康・安全に関する内容 |
| 児童会活動 | 保健委員会（集会、日常活動、月間行事、応募活動、キャンペーン週間、運動会や代表委員会などでの係分担） |
| 学校行事 | 入学式・始業式・卒業式、定期健康診断、体育的行事、集団宿泊活動、防災訓練、自治体との連携で行う保健教育（口腔衛生、禁煙キャラバン、がん教育、薬物乱用防止教育）、道徳地区公開講座 |

## ● 実習生作成〈小学校の例〉

2学年　学級活動「(2）日常の生活や学習への適応と自己の成長及び健康安全
(ウ）心身ともに健康で安全な生活態度の形成」

1　題材「カルシウムの大切さを知ろう」
2　題材について（略）
3　児童の実態（略）
4　他の教育活動や体験活動との関連（略）
5　本時のねらい（略）
6　本時の活動及び指導と評価計画

| 過程 | 児童の活動 | 支援（○）と評価（☆） | | 教材・資料 |
|---|---|---|---|---|
| | | T1 | T2 | |
| 導入（10分） | 1　給食の牛乳を残さずに飲んでいるか、牛乳カードで振り返る<br>2　本時のめあてを知る<br>3　紙芝居を見て、感想を発表する（数名） | ○牛乳を残さず飲んでいるか、牛乳パックカードで振り返るようにする<br>○紙芝居を読む<br>○感想を発表させる | ○本時の学習のめあてを知らせる | ・牛乳パックカード<br>・紙芝居 |
| 展開（27分） | 4　カルシウムの働きを理解する<br>・骨や歯は、カルシウムからできていることを知る<br>・骨の中のカルシウムが減ると、骨がどうなるかを知る<br>5　カルシウム量の多い食品を予想して発表する<br>・昨日の給食の献立を振り返る<br>・個人で昨日の給食の中でカルシウムの多い食品を考える<br>・グループで本日の給食を同様に考えて、発表し黒板に貼り、答え合わせをする<br>・給食では、出ていないカルシウムの多い食品を知る<br>6　カルシウムを摂るとよいことの4つを振り返る | カルシウムの働きに関心をもつ<br>(集団活動や生活への関心・意欲・態度)<br>○カルシウム量の多い食品を予想させて、発表させる<br>(発言内容を聞き取る)<br>☆カルシウムの働き、カルシウムの多い食べ物を知る<br>(集団活動や生活についての知識・理解)<br>○昨日の給食絵カードを提示する<br>○他者との協議で合意形成を図るようにさせる | ○カルシウムの働きを説明する<br>1）骨を強くする　馬<br>・骨折しにくくなる<br>・骨のつくりについて例をあげて説明する<br>2）歯を丈夫にする　馬<br>・むし歯になりにくくなる<br>3）イライラしなくなる　豚<br>・心の安定を図る役目ももつ<br>4）元気になる　ゴリラ　熊<br>・外で元気に遊べる<br>○ワークシートを配布する<br>○カルシウムの多い食品の、それぞれのヒントを出す<br>○給食では出ていないカルシウムの多い食品を紹介する<br>○カルシウムを摂るとよいことの4つを答えさせながら振り返りをする | ・絵カード<br>・紙芝居<br>・骨の模型<br>・絵カード<br>・ワークシート<br>・ヒントカード<br>・食品カード<br>・短冊画用紙 |
| 終末（8分） | 7　本時の学習で気づいたことや、これからできそうなことを考えて、ワークシートに記入する | ○ワークシートに記入後、班ごとに発表させる<br>☆カルシウムの多い食べ物を知り、積極的に食べようとしている（集団の一員としての思考・判断・表現・実践） | ○一言まとめを伝える<br>○児童の感想から、本時で学んだことを生かせるように支援する、また、給食も残さず食べるよう働きかける | ・ワークシート |

## 7　事後活動

| 活動の場 | 活動内容 | 支援（○）と評価（☆） | 資料 |
|---|---|---|---|
| ○月○○日（○）～<br>○月○○日（○）<br>主に給食時 | ・１週間、これからできそうなことや、自分の立てためあてを実践する | ○カードの説明をする<br>○カルシウムの多い食べ物を知り、積極的に食べようとしている<br>○家庭との連携を図る | ・牛乳パックカード（裏）<br>・頑張りカード<br><br>・学級通信 |
| ○月○○日（○）<br>帰りの会 | ・１週間の実践を振り返って感想を記入する<br>・帰りの会で発表し、友だちのよい意見や感想を共有する<br>（集団の一員としての思考・判断・表現） | ☆毎日の食生活で、カルシウムの多い食べ物を積極的に摂ることを通して、生活習慣を改善しようとして実践している | ・牛乳パックカード（裏）<br>・頑張りカード |

## 8　板書計画

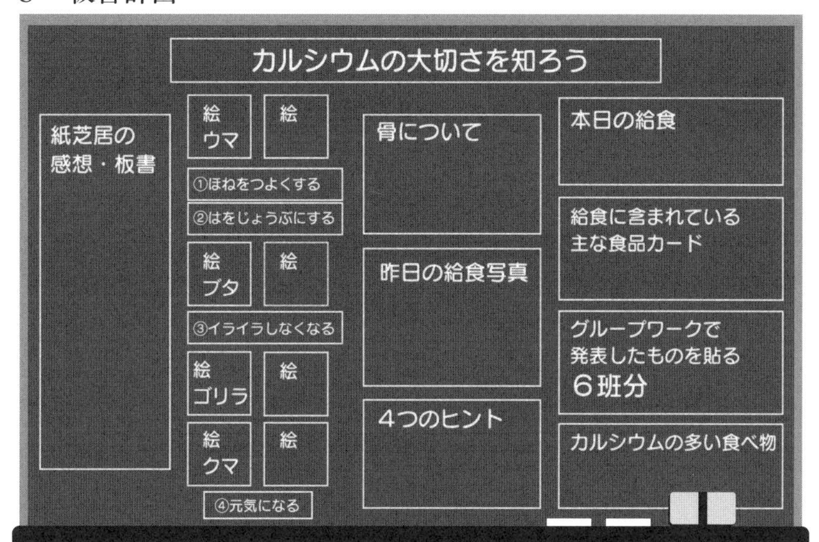

保健委員会についてはp.58-61の保健委員会（児童会・生徒会活動）を参照のこと。

### ワンポイントアドバイス

特別活動の保健教育は、複数の教員が役割を分担し、協力して指導計画を立てて指導をする授業形態〈ティーム・ティーチング（ＴＴ）〉を取り入れ、効果をあげています。事前の打ち合わせでは、役割分担をしっかり決めて、児童の困り感やつまずきにも対応できるように工夫することが大切です。

**37d 評価**

○ 各学校には、特別活動の年間計画があり、保健教育では養護教諭が全学年の実態を踏まえて計画に参画していることが理解できたか。
○ 学級活動の指導案の書き方や授業づくりにおける大切な事柄の整理ができたか。

# 37e ★★★ 保健教育
# 総合的な学習（探究）の時間

校内研究などで、総合的な学習（探究）の時間を取り上げている学校が多くあります。各学校の年間学習計画には、地域の実態を踏まえて特色ある計画が立てられています。養護教諭の総合的な学習（探究）の時間への参加は、ＴＴや養護教諭単独で直接指導に関わることができます。そのことを実習生に理解させ、総合的な学習（探究）の時間が目指しているものや、実習校の健康課題解決に向けてどのような指導がなされているのか、また、学年や学級との連携はどのようにして進めているのかを学ぶ機会としましょう。

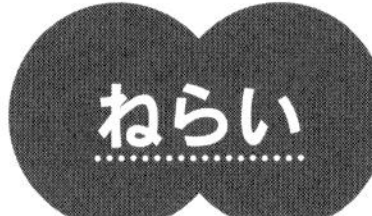


（１）総合的な学習（探究）のねらいを理解する。
（２）児童生徒への説明の仕方などを身につける。
（３）総合的な学習（探究）への参加の仕方について理解する。
（４）「探究する」部分で、協力者などへの連絡方法を理解する。

（１）総合的な学習（探究）の時間を見学し、機会があれば、外部協力機関要請の関係者への連絡を行う。
（２）課題をつくり調べさせて、児童と同じ体験をする。
（３）活動案の書き方を学ぶ。

## ● 総合的な学習の時間が目指しているもの（小学校）

著者の学校では、独自の総合的な学習の時間を「きらめきタイム」と名づけ、３年生以上に導入段階（オリエンテーション）で、学びの手引きを配布し説明しています。

そういったものが実習校にあれば、わかりやすく解説しているので指導時に活用します。

学習の手引き〈例〉

## ● 総合的な学習の時間・生活科での「健康」分野の扱いについて〈小学校の例〉

職員会議用資料　　　　　　　　　　　　　　　　　　　　○○年　○○月

### 総合的な学習の時間・生活科での「健康」分野の扱いについて

総合的な学習の時間で扱う健康分野としての事例

| 学年 | 事　例（扱ってほしい内容） | 外部支援スタッフ（GT） |
|---|---|---|
| 1年 | ○ 食べ物と歯のつくり<br>人間の歯、動物の歯調べ、むし歯とおやつ調べなど | ・保健所（歯科衛生士）<br>・学校歯科医 |
| 2年 | ○ 自分調べ<br>命の探検、自分の誕生の喜びを感じる<br>生まれてきてよかったと感じる、妊婦体験など | ・保健所（助産師）<br>・保健所見学<br>・お家の人 |
| 3年 | ○ ぼくわたしの健康宣言－健康づくりの活動面で手洗い実験、調和のとれた生活、換気、清潔、地域で行われている保健活動、など | ・保健所（健康推進担当）<br>・学校薬剤師　・地域の人 |
| 4年 | ○ 体のふしぎ<br>生命の素晴らしさを感じる、生命の大切さなど<br>○ わたしのからだ発見<br>データ集めから<br>○ 食生活と健康<br>生活習慣病予防、高齢者の食事や生活調べなど | ・保健所（助産師、栄養関係）<br>・お家の人<br>・地域のお年寄り<br>・自分の祖父や祖母 |
| 5年 | ○ ＳＯＳ救急隊－けが－<br>応急手当（方法・体験）、けがの原因調べ（行動や環境調べ）、骨、血液、皮膚など<br>○ 心（発達・ストレスと向き合う・メンタルヘルス面・トラブル解消方法や体験・自分らしさ・自己肯定感を高める）など | ・保健所（担当者）<br>・医者（整形外科関係）<br>・消防署（救命救急士）<br>・学校眼科医<br>・スクールカウンセラー　・相談員 |
| 6年 | ○ 喫煙、飲酒、薬物<br>（ライフスキル学習・ロールプレイング・ブレインストーミングなど）<br>○ エイズ、インフルエンザなどのウイルスにおける感染症<br>（ライフスキル学習・予備知識・差別・世界の状況・レッドリボン）など<br>○命の教育（がん教育） | ・薬物専門講師　・学校薬剤師<br>・学校内科医　・エイズ相談員<br>・青少年委員　・保健所（担当者）<br>・がん専門講師 |

《備考》

● １・２年生は、特別活動や生活科から、３～６年生は、体育科保健領域の学習から、課題を持たせ発展させていく。
(心と体を一体に捉えるとともに、未来の自分づくりにつながるものとして考える機会にしたい。)

● 保健所（○○○○健康相談センター）…担当○○さんが窓口になってくれるそうです。
【見学・派遣・学習教材の貸し出しはＯＫとのこと。…業務の内容や連絡先は、ファイルしてあります。】

● 被害防止（安全分野）は、毎年、２年生以上を対象にＣＡＰ民間団体（ＰＴＡ主催）が、ロールプレイングなどを取り入れて指導にあたってくださいます。

### ワンポイントアドバイス

活動計画や活動案の作成において、常に担任との連携や、支援の仕方について児童生徒の実態・課題や願いを大切にして進めることが大事であることを理解させましょう。

**37e 評価**

○ 総合的な学習（探究）の時間の目指しているものが理解できたか。
○ 総合的な学習（探究）の時間へのかかわりや進め方が理解できたか。

# 37f ★★★ 保健教育 その他の関連する教科

学校における保健教育は体育科・保健体育科を中核として、関連する教科でも行われます。「関連する教科」としては社会科・理科・生活科・家庭科（技術家庭）・道徳科があり、それらの目標と内容から、体育科・保健体育科の保健領域の内容との関連性をもって、健康に関することについて適切な意思決定・行動選択ができる力を育てていきます。

養護教諭として、児童生徒の生活習慣や環境を改善し、健康で安全な生活が実践できるようにすることを目標に「関連する教科」についても知識理解を深め、学校保健計画を作成するようにします。

（1）社会科・理科・生活科・家庭科（技術家庭）・道徳科において健康・安全に関する内容について理解する。
（2）社会科・理科・生活科・家庭科（技術家庭）・道徳科において健康・安全に関する内容について保健教育を実践する際の指導方法・評価方法について理解する。

（1）社会科・理科・生活科・家庭科（技術家庭）・道徳科の関連する教科の教科書に目を通し、健康・安全に関する内容をピックアップする。
（2）社会科・理科・生活科・家庭科（技術家庭）・道徳科の関連する教科の授業を参観し、指導方法について学び、児童生徒の様子を把握する。
（3）教材研究・指導方法について学ぶ。
（4）評価の方法について学ぶ。
（5）できればティーム・ティーチングで授業実践を行う。

## ワンポイントアドバイス

関連教科の授業はティーム・ティーチングで行うので、事前に各教科担任に養護教諭が授業に参画する意義について周知し、協力を依頼しましょう。

あわせて、養護教諭が体育科・保健体育科における保健の授業をする際は「兼職発令」を受けていれば行えること、「兼職発令」を受けていない場合や、関連する教科については、ティーム・ティーチングで参画できることを伝えておきましょう。

## ● 保健体育科保健分野との関連〈中学校〉

**社会科　公民的分野のＢ　私たちと経済　国民の生活と政府の役割**

○保健体育科保健分野　第３学年の内容「健康な生活と疾病の予防」

健康の保持増進や疾病の予防のためには、個人や社会の取組が重要であり、保健所、保健センターなどの保健・医療機関を有効に利用することなどが必要であることについて理解できるようにする。

○保健体育保健分野の第３学年の内容「健康と環境」

健康と密接な関わりがある飲料水や空気の衛生的な管理の必要性、人間の生活によって生じた廃棄物についての環境の保全の面からの衛生的な処理の必要性について理解できるようにする。

**理科　第２分野　生物の体のつくりと働き**

○保健体育科保健分野の第１学年の内容「心身の機能の発達と心の健康」

身体の発育・発達には、骨や筋肉、肺や心臓などの器官が急速に発育し、呼吸器系、循環器系などの機能が発達する時期があること、また、その時期や程度には、人によって違いがあることを理解できるようにする。

○保健体育科保健分野の第２学年の内容「健康な生活と疾病の予防」

生活習慣病などの予防における、心臓病、脳血管疾患などの循環器の疾病の予防、喫煙と健康におけるたばこの煙に含まれるニコチン、タール及び一酸化炭素などの有害物質の呼吸器及び循環器を通した疾病リスクの上昇について理解できるようにする。

**技術・家庭科　食事の役割と中学生の栄養の特徴**

○保健体育科保健分野の第１学年の内容「健康な生活と疾病の予防」

生活習慣と健康における食事には、健康な身体をつくるとともに、運動などによって消費されたエネルギーを補給する役割があることがあり、健康を保持増進するために、毎日適切な時間に食事をすること、年齢や運動量等に応じて栄養素のバランスや食事の量などに配慮することが必要であることを理解できるようにする。

**技術・家庭　衣服の選択と手入れ**

○保健体育科保健分野の第３学年の内容「健康と環境」

身体の環境に対する適応能力・至適範囲における、気温の変化に対する体温調節などの環境への適応能力の限界について理解できるようにする。

**技術・家庭　住居の機能と安全な住まい方**

○保健体育科保健分野の第３学年の内容「健康と環境」

身体の環境に対する適応能力・至適範囲における、気温の変化に対する体温調節などの環境への適応能力の限界について理解できるようする。

**道徳　節度、節制**

○保健体育科保健分野の第２学年の内容「健康な生活と疾病の予防」

生活習慣と健康における心身の健康は生活習慣と深く関わっており、健康を保持増進するためには、生活環境等に応じた適切な運動、食事、休養及び睡眠の調和のとれた生活を続けることが必要であることを理解できるようにする。

○保健体育科保健分野の第２学年の内容「傷害の防止」

交通事故などによる傷害の防止における、交通事故などによる傷害を防止するためには、人的要因や環境要因に関わる危険を予測し、それぞれの要因に対して適切な対策を行うことが必要であることを理解できるようにする。

○生命の尊さ

この内容は、保健体育科保健分野の全体的な内容でもあり、中学校における教育活動全体に及ぶ内容でもあるので、相互に関連を図りながら指導することが期待される。

参考：中学校学習指導要領

○ 体育科（保健領域）・保健体育科（保健分野）と関連する教科の健康・安全に関する内容を理解できたか。

○ 関連する教科において健康・安全に関する内容について保健教育を実践する際の指導方法・評価方法を理解できたか。

# 37g ★★★ 保健教育
# 学習指導案の作成と教材づくり・教材研究

教科保健は、学習指導要領の目標を達成させるためにその内容や指導方法を創意工夫しながら進めていかなければなりません。

ＴＴ（ティーム・ティーチング）で授業を進めていく場合、養護教諭が小学校では担任、中学校・高等学校では保健体育科教諭と年間指導計画をもとに単元の学習指導案を作成することになります。兼職発令を受けている養護教諭は、保健体育科教諭と相談しながら担当する単元を決定し、養護教諭の専門性を生かした学習指導案を工夫します。

また、養護教諭の職務、保健室の機能を生かした授業を展開できるよう、教材や指導方法の創意工夫が望まれます。

（1）保健教育（体育科・保健体育科）の学習指導案の作成方法を理解する。
（2）保健教育（体育科・保健体育科）の教材づくり・指導方法を理解する。

（1）ティーム･ティーチングによる学習指導案を作成する。(自治体によっては採用試験で、ティーム・ティーチングによる学習指導案の提出が求められることもあります。採用試験当日、模擬授業をする自治体もあります。)
（2）教材づくりを行う。ワークシート、掲示物など、児童生徒に興味関心をもたせる教材を考える。
（3）指導方法の工夫をする。問題解決型の学習となるように、主体的･協働的な学びを取り入れる。体験学習､ディベート、ロールプレイング、ブレインストーミング、グループディスカッション、グループワークなど。

**ワンポイントアドバイス**

実習期間中に保健体育科の先生の授業をはじめ、何人かの先生の授業参観を実習計画の中に入れておきましょう。また、放課後に教材研究の時間を確保しておきましょう。

養護教諭の特性を生かした学習指導内容となるようにアドバイスしましょう。

## ● 学習指導案の作成の仕方〈例〉

第○学年　体育（保健体育）科保健学習指導案

○○学年○組
男子○名女子○名
指導者　○○○○

1　単元名
（高等学校など単元が大きい場合は、小単元を示す）

2　単元の目標
（1）総括的な目標
○○○○○○について理解できるようにする。
（2）評価の観点に対応した目標
・………………（健康・安全についての知識・技能の面からの目標）
・………………（健康・安全についての思考・判断・表現の面からの目標）
・………………（健康・安全について主体的に学習に取り組む態度の面からの目標）

3　指導にあたって
（1）学習内容について
（2）児童（生徒）について
（3）指導と評価について
①単元の評価規準及び学習活動に即した評価規準……（表）
②評価の工夫について
③指導の工夫等について

4　単元の指導と評価の計画……単元の時数が多い場合は、小単元のみの計画も可
（1）配当時間等

| | 第１時 | 第２時 |
|---|---|---|
| 小単元名 | | |
| 主な内容 | | |
| 資料、学習、形態等 | | |

（2）単元の指導と評価の計画

| 時間 | 目標<br>及び学習内容・活動 | 評価規準との関連 | 評価方法等 |
|---|---|---|---|
| 1 | （目標）<br>（学習内容・活動）<br>1．<br>2．<br>3． | | |

5　本時の指導（○時間扱いの○時間目）
（1）目標
（2）使用教科書等
（3）評価の観点・方法
（4）資料及び準備するもの
（5）展開

| 学習内容・活動 | 時間 | 教師の支援（指導）及び評価 |
|---|---|---|
| 1．△△について、○○する。<br>発　問<br>：（予想される反応）<br>2． | ○分 | ：（指導行為を記述）<br>〔評価〕 |

＊ワークシート、資料等を添付

采女智津江編集代表『新養護概説〈第12版〉』少年写真新聞社（2022）

○ 学習指導案の作成方法を理解できたか。
○ 児童生徒が興味・関心をもてる教材が作れたか。
○ 指導方法が理解できたか。

37h ★★★ 保健教育

# 授業で扱う学習指導法

体育科・保健体育科やそのほかの授業でティーム・ティーチングとして参加する際には、問題解決型学習や、体験型・参加型の学習方法を取り入れるなどの授業の工夫が求められます。

（1）生きる力や実践力の育成が目標で、課題学習やライフスキル教育が学習に求められていることを知り、学習方法の工夫が大切なことを理解する。
（2）学習の指導方法や内容を理解する。

（1）指導方法でできそうなものを体験・演習する。
（2）研究授業を計画し、指導案に何かひとつ取り入れて授業実践をする。

実践力を育む方法として、以下の能力を身につける学習では、体験的な学習方法が効果的であると言われています。

対処能力を身につけるためには、実際に近い形で体験することの意味が強調されています。

知識・理解 ＋
・情報を批判的に捉えて分析する力
・対人関係を円滑に築いたり、維持したりする力
・自分の考えを相手との関係を壊さず的確に伝える能力

## 1　課題学習

課題を設定し、自主的・自発的に学習を進め、課題解決を図る学習をいいます。

★学習方法は……直接体験、見学、実験、観察、討論、ブレインストーミング、ディベート、ロールプレイング、バズ・セッション、事例研究、イメージマップづくり、ウェビング、報告書、レポート作成、それにアイスブレーキング（クイズなどの緊張ほぐし）などを適宜活用します。

## 2　ライフスキル学習

### WHO 精神保健部 のライフスキルの定義

「人々が日常生活の要求や挑戦にうまく対処できるように、適切かつ積極的に行動するための能力」と定義し、保健行動におよぼす心理的社会的要因に対処するためのスキルとして、5 組 10 種類挙げています。これらの能力を高める学習を言います。

| | | |
|---|---|---|
| 1 … | ① 創造的思考スキル | ② 批判的思考スキル |
| 2 … | ① コミュニケーションスキル | ② 対人関係スキル |
| 3 … | ① 自己認識スキル | ② 共感スキル |
| 4 … | ① 情動抑制スキル | ② ストレス対処スキル |
| 5 … | ① 意志決定スキル | ② 問題解決スキル |

★学習方法は‥‥ロールプレイング、ディスカッション（小集団)、体験学習、ディベート、ブレインストーミング、イメージトレーニング、問題解決学習、記述式ワーク法などがあります。

参考文献：『養護教諭の特質を生かした保健学習・保健指導の基本と実際』財団法人　日本学校保健会（2001）

**● ライフスキル教育に多く取り入れられている授業方法〈例〉** ※ □内は、学習の効果などや留意点

**ワンポイントアドバイス**

児童生徒の実践力を育み、なぜコミュニケーションスキルを高めるための工夫などの学習方法が求められているのかを説明することも大切です。

**37h 評価**

- ○ 学習方法の工夫が求められていることが理解できたか。
- ○ 学習指導の方法には、ねらいや用途に合わせた手法があることが理解できたか。
- ○ 多様な学習方法を組み合わせて、工夫できたか。

# ★★ 保健事務（報告・提出書類の作成）

保健事務の執務の中に、報告書類の作成提出があります。各自治体の教育委員会、学校の実態で多少異なりますが、実習生にその主な内容などを知らせておくのも大切なことです。

（１）報告用紙などの種類や記入の仕方を理解する。
（２）学校備付表簿（公簿）の取り扱いや、保存期間などを理解する。

（１）養護教諭が制作に関わる書類の種類や提出の方法を学ぶ。
（２）作成に要する情報の収集の仕方を学ぶ。
（３）書類のファイリングや書棚の整理について学ぶ。

## ● 養護教諭が作成に関わる書類

1　健康診断票
2　保健日誌（５年保存）
3　健康に関する諸帳簿やカード
4　予算請求関係書類
5　学校環境衛生に関する結果（水質検査や安全点検）
6　健康観察に関する用紙（出欠席状況および月ごとの調査用紙）
7　企画・職員会議などへの提案内容
8　所属部会での保健室利用状況報告（保健給食・体育・生活指導各部）

養護教諭が作成する書類には公簿も多く、慎重に取り扱わなければならないものばかりです。公簿書類の取り扱いやその保存期間にも触れ、監査に向けての準備に必要なことなどについても伝えておきましょう。

**ワンポイントアドバイス**

一覧表にしておくと、いつでも指導への活用ができます（**資料**）。
※ 自治体の教育委員会、養護教諭部会で「保健事務手引」を作成している場合は、それを活用するとよいでしょう。

**資料** 一覧表〈例〉

| No. | 項目（提出先） | 報告書類などの作成と提出 |
| --- | --- | --- |
| 1 | 月例報告<br><br>（教育委員会） | （1）学校医執務状況報告<br>（2）児童生徒の感染症など罹患・死亡月例報告書<br>（3）出席停止報告書<br>すべて翌月５日まで（２部作成１部学校控え）<br>（4）水質検査結果（翌月３日まで） |
| 2 | 定期健康診断<br><br>（委託業者・<br>教育委員会） | （1）腎臓検診などの検査名簿<br>（2）定期健康診断結果疾病集計表<br>（3）身長・体重測定結果調査<br>（4）結核健診実施報告<br>（5）生活習慣病関係書類など |
| 3 | 就学時健康診断<br><br>（教育委員会） | （1）健診実施日時・保護者会開催日時<br>（2）結果報告（実施後３日以内）<br>① 未受診者報告書<br>② 疾病異常者集計報告書<br>③ 教育相談が必要と思われる者の名簿 |
| 4 | 日本スポーツ<br>振興センター<br><br>（教育委員会） | （1）災害報告書、医療等の状況など<br>翌月10日まで<br>（2）事故報告書など<br>（3）転入や海外からの編入などの児童生徒報告<br>（加入手続きのため） |
| 5 | その他<br><br>（教育委員会など） | （1）消耗品・備品などの請求に関する調査<br>（2）保健活動に関わる応募や催し、活動のアンケート類など |

※オンラインで提出するところが多いのですが、紙の場合はコピーを取って保管します。
※学校備付表簿（公簿）の保存期間は、法令や自治体の示す管理規則を基に保存します。

○ 報告用紙などの種類や記入の仕方が理解できたか。
○ 報告に際しての資料やデータの整理や管理の仕方が理解できたか。

# 39 ★★ 情報管理と処理

記録や情報の管理と処理、また、資料づくりに今や欠かせないのがパソコンです。ぜひ、実習生の指導計画に取り入れましょう。

（1）自治体及び校内のセキュリティ対策について理解する。
（2）保健室で活用しているシステムの使用方法を理解する。
（3）データの活用や取り扱いについて理解する。

（1）健康診断や身体測定結果のデータ処理を行う。
（2）保健だよりや委員会資料等の作成をする。

## ● データを生かす場面例

保健管理システムを利用して、資料（グラフなど）づくりやデータの比較作業などができます。

1 測定・検診・来室状況・朝の健康観察などの集計が簡単に行え、そのまま報告資料となります（教育委員会・管理職・教職員・保護者への報告）。
2 学校保健委員会などの会議の資料となります（プレゼンテーションができる）。
3 報告することによって、家庭への啓発活動に利用できます。
4 年度末の保健のまとめにそのまま掲載できます（年間・月別）。
5 健康相談時に、個人のデータ（推移を含む）を提供できます。
6 学級や家庭からのニーズに合わせて、情報を取り出して提供できます。

**ワンポイントアドバイス**

個人情報の管理を厳重にし、校外に持ち出さないように指導しましょう。コンピューターウイルスにも注意を払い、記憶媒体を持ち込まないことも大切です。著作権・肖像権の侵害には十分気をつけましょう。

**39 評価**

○ 保健管理ソフトの活用法が理解できたか。
○ 情報の管理・保管に注意することが理解できたか。

# 40 ★★★ 保健だより

保健だよりの目的

1　学校保健に関する行事を月ごとに、または必要に応じて保護者に知らせる。
2　保護者に保健の行事に関する協力依頼や注意事項などを知らせる。
3　健康診断や検診の統計結果などのお知らせをする。
4　保健室から見た子どもたちの姿や声、そして養護教諭だから書けること・養護教諭にしか書けないこと・今保健室で考えていることなどを知らせる。
5　保護者に対し、学校保健の理解と協力を得る。
6　毎月の保健目標を知らせ、保健指導や学級指導・個別指導などの資料として活用する。
7　校内や地域の感染症流行情報などの情報を提供する。

（1）保健だよりの意義や必要性を理解する。
（2）保健だより作成のポイントを理解する。

（1）実習生の個性を生かした保健だよりを作成する。
（2）作成した保健だよりを印刷して配布、またはデータ配信等の作業を行う。

## ● 保健だよりのこんな使い方

1　地域や関係機関への配布

学校三師（学校医・学校歯科医・学校薬剤師）やいつもお世話になっている関係機関、学童クラブや病院などに配布して、保健室から見た子どもたちや学校の普段の様子をお知らせしていると、連携がとりやすくなります。

2　双方向型の保健だより

情報発信の一方通行的な紙面づくりだけではなく、ときには返信欄を設けたり、児童生徒や保護者の声を取り上げるなど、双方向・参加型の紙面づくりを心がけます。

## ● 保健だより作成のポイント

**読む対象は…**　想定する対象によって、書く内容や言葉遣い・カットの入れ方などを変えます。

**文章は…**　簡潔かつ、わかりやすい文章を心がけ、こちらの思いが伝わるように書きます。必要なときはルビをふります。

**カットは…**　必要なものだけ、紙面が生きるようなものを入れます。

**スタイルは…**　縦書きや横書き・用紙の種類もいろいろありますので、自分の書きやすいものを選びます。校内で発行文書の用紙の規格が統一されている場合もあります。また、フォントはUD（ユニバーサルデザイン）フォントを用いるとよいでしょう。紙媒体での配布だけではなく、児童生徒用タブレットや連絡メールでの配信、学校ホームページへの掲載などデジタル化して情報を届ける方法もあります。

**発行回数は…**　毎月定期的な発行と必要に応じて臨時や特集号を組むなどが一般的なようです。

**内容は…**　読んでもらえる工夫をしましょう。だれにでもわかりやすく、専門用語はできるだけ使わないようにします。お知らせやお願いだけではおもしろくありません。保健室から見た最近の子どもたちの姿や声、そして養護教諭だから書けることや養護教諭にしか書けないこと、今保健室で考えていることなどを知らせると、よく読んでもらえます。

**保健ニュース…**　今、学校で流行している感染症や学校保健安全関係の表彰・保健安全関係の講演会・学校保健委員会の様子などのニュースものせます。

**シリーズもの…**　一つのテーマで毎月書くと継続できますし、読む人も楽しみにしてくれます。また、保健関係の作文や日記などものせると本人や担任、保護者にも好評です。これには担任との協力が不可欠であり、この交流を通して担任と養護教諭とのよい連携にもつながります。

**ワンポイントアドバイス**

読んでもらえる保健だより作成のポイントは、保健室から見た子どもたちの姿やつぶやき、そのときにしか書けない記事、養護教諭だから書けることなどを心がけて発行するとよいことを指導しましょう。

**40 評価**

- ○ 保健だよりの意義や必要性が理解できたか。
- ○ 読者の声や意見を聞く態度が大切なことを理解し、作成できたか。

## ● 保健だより〈中学校の例〉

**ほけんだより**

H30年7月　○○中学校保健室

**7月の保健目標　暑さに負けない生活をしよう**

夏本番、引き続き熱中症予防が必要です。屋外での運動時はもちろん、屋内で過ごす場合も、お茶等でこまめに水分補給をするよう心がけましょう。ジュースの飲みすぎは、かえって疲れやすくなるので注意！

# 中高生の「おしゃれ障害」

「おしゃれ障害」とは、化粧品やアクセサリー等の使用によって起こる健康被害です。中高生の体は、成人よりも影響を受けやすく、将来の健康にも悪い影響を及ぼします。

特に、アレルギー性接触皮膚炎は『獲得免疫』といって、一度かぶれると、その後一生かぶれることになります。

**まゆ毛**

まゆ毛をそったり抜いたりしていると、生えてこなくなったり、皮膚を傷めたりします。将来的にはまぶたのたるみにつながります。

**二重瞼形成化粧品（アイプチ）・つけまつげ・アイメイク**

皮膚のもっとも薄くて敏感な瞼につけるため、かぶれやすく、赤みや腫れの原因になります。糊の成分によってはアレルギーを引き起こします。

つけまつげの使いすぎで自分のまつげが抜けてしまうこともあります。また、目のキワや粘膜まで埋めるようなアイラインは目の炎症などトラブルを引き起こす原因になるので危険です。

**カラーコンタクトレンズ**

カラーコンタクトは、着色している色のせいで、普通のコンタクトよりも酸素を通しにくくなっています。長時間の装着は、目に大きな負担がかかり、トラブルを起こします。

**マニキュア・ネイル**

除光液を頻繁に使用したり、使用後に洗い流さなかったりすると爪が乾燥して傷みます。爪は、血流状態や栄養状態が分かりますが、ネイルをしていると病気の早期発見のさまたげになります。

**足に合わない靴（厚底靴等）**

足に合わない靴を履いていると、巻き爪や外反母趾などの原因になります。痛みだけでなく骨盤のゆがみや腰痛、足の指の変形などのトラブルが起こります。

**香水・香りの強い柔軟剤や制汗グッズなど**

「香害」と言って、香りに含まれる化学物質が、めまいや吐き気、思考力の低下を引き起こす化学物質過敏症の原因になります。友人や同僚の服についた香りにより、学校や職場にいけなくなるといった、深刻な問題を訴える人もいます。自分には良い香りでも、周りの人にとっては害になることも。過剰な香料や添加物には気を付けましょう。

**染毛剤（脱色やヘアカラー）**

染毛剤に含まれる化学物質の中には、アレルギーを起こしやすいものも含まれます。

頭皮のかぶれやかゆみ、髪の毛が抜けることもあるため、最初は何も問題がなくても、2度目、3度目から突然アレルギー症状を起こすことがあります。

**金属製アクセサリー**

アクセサリーの中でも特にピアスは、皮膚の中に金属を入れるため、金属アレルギーの原因になることも多いです。ピアスの穴から細菌が入り、赤く腫れあがり化膿したり、赤く腫れあがったまま固くなり、ケロイドを作ったりします。

ピアスがきっかけで、アレルギー体質になり、ネックレスや指輪で重いアレルギーを起こす例もあります。

**化粧品・メイク**

皮膚呼吸をさまたげ、様々な肌あれの原因になります。しかも、メイク落としを使うと、毛穴が広がって目立つ原因になり、逆に使わないと、毛穴がつまりニキビの原因になります。メイク落としを使わないためにもむやみな化粧はやめましょう。

**口紅・グロス**

口紅に入っているタール系色素は発ガン性がありますが、ぬっていると自然と口に入ってしまいます。一生で女性が食べる口紅の量は8本分以上と言われています。

---

## ◎◎◎身体測定結果速報◎◎◎

本校と全国の身長・体重の平均値です。学年があがるにつれて、からだがどんどん大きくなっていることがわかります。ただ、この数値はあくまでも平均値です。成長にはそれぞれ個人差があります。平均より「身長が低い」とか「体重が重い」などではなく、バランス良く成長しているかどうかが大切です。

保健室と心の教室の間の柱に、各学年男女別の平均身長を掲示してあります

| | | 身長（cm） | | 体重（kg） | |
|---|---|---|---|---|---|
| | | ○○ | 全国 | ○○ | 全国 |
| 男子 | 1年 | 152.9 | 152.8 | 43.8 | 44.0 |
| | 2年 | 158.2 | 160.0 | 48.2 | 49.0 |
| | 3年 | 162.4 | 165.3 | 53.3 | 53.9 |
| 女子 | 1年 | 149.1 | 151.8 | 42.7 | 43.6 |
| | 2年 | 154.1 | 154.9 | 46.4 | 47.2 |
| | 3年 | 156.0 | 156.5 | 50.2 | 50.0 |

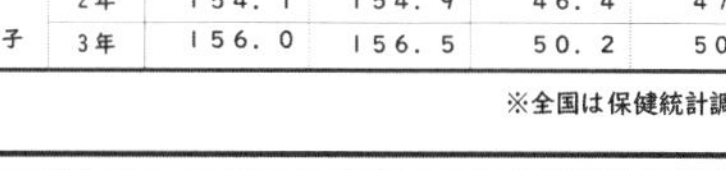

※全国は保健統計調査より

**【保護者の皆様】　ボロ布回収にご協力ください！**

学校では、体調不良者の嘔吐物などを拭き取る際、二次感染防止の為にハイター等の次亜塩素酸系消毒液を用いて消毒をしています。消毒後、床面等の拭き取りに使用するボロ布が不足しているため、保護者の皆様にご協力をお願いしたいと思います。

使い古しのバスタオルや着られなくなったトレーナーなど、水分をよく吸う綿などの素材であれば何でも結構です。1階保健室前の廊下にボロ布回収箱を設けますので、ご協力よろしくお願いいたします。

**【保護者の皆様】治療のお知らせについて**

健康診断に伴う事前問診票や保健関係書類の提出にご協力いただき、ありがとうございました。病気や異常の疑いがある場合などには、治療のお知らせをお渡ししています。お知らせが届きましたら、早めに専門医を受診していただき、その結果について学校にお知らせください。

なお、学校での健康診断はスクリーニング（疑わしいものを選び出すもの）ですので、受診の結果“異常なし”と診断されることもあります。その点も併せてご了承ください。

・・・・・・・・・・・・・・・・・・・・・・・・きりとり・・・・・・・・・・・・・・・・・・・・・・・・

「ほけんだより」で取り上げてほしい内容や、ご意見・ご質問等をお寄せください（保健室前のポストか、直接養護教諭や担任まで渡してください。）

# 41 ★保護者との連携

学校教育の効果を上げようとしても、学校だけの努力でできるものではありません。

学校は教育目的の実現のために保護者の理解と協力を得るべく努力しなければなりませんし、保護者は子どもの教育環境を整えるために、努力することが必要です。子どもたちが健康で安全な生活を送るためには、家庭での生活習慣を基盤として、学校と保護者との連携が重要であり、チームプレーが望まれるのです。

**ねらい**

（１）保護者との連携についての具体例から理解する。
（２）保護者と良好な関係を築くために必要な心がけについて理解する。

**実習方法**

（１）体調不良者のお迎え依頼など、保護者への電話連絡等の対応の実際を見て、保護者に対する言葉遣いや話の聞き方、伝え方などを学ぶ。
（２）保護者との連携が必要な場面の具体例に対して、どのような対応が適切であるかを考える。

## ● 保健室から連絡を取る場合

※ 原則的には必ず担任と連絡を取ってからにします。

1　急な発熱や体調不良により、保護者にお迎えをお願いしたいとき
2　けがをして病院にかかるために来てもらうとき
3　健康診断や検診などで要精密検査といわれたとき
4　保健室から見て子どもの心身に心配なことがあるとき

### ● 保護者から連絡が来る場合

1　教育相談や悩みごとで保健室を保護者が訪問するとき
2　健康診断や検診などで要精密検査といわれ、その検査結果が出たとき
3　アンケートなどで保健室への要望や意見などを聞くとき
4　日本スポーツ振興センターの共済給付申請に該当したときの、書類の請求や給付金の受領のとき
5　検査物や保健関係の書類の提出に来校するとき
6　保健室で貸し出した物品、衣類などの返却のとき
7　感染症の治癒証明書を持参するとき

### ● その他

1　PTAの保健関係の役員が保健室に出入りするとき
2　PTAの歓送迎会や講習会の席

**ワンポイントアドバイス**

実習生が単独で、児童生徒に関する事柄について保護者と直接やり取りをするような場面がないようにしましょう。

また、クレームなどは必ず複数で対応し、管理職に報告することも押さえておきます。

41 評価

○ 保護者との連携の必要性が理解できたか。
○ 保護者の要望や意見を聞く態度が大切なことを理解できたか。

# 42 ★★ 学校経営

学校経営とは、各学校が学校教育目標の達成に向けて教育課程を編成し「目指す学校」の具現化を図ることです。

各学校においては、特色ある学校づくり・信頼される学校づくりに努め、「生きる力」を育む教育を実践することが必要です。中央教育審議会答申では、『「チームとしての学校」として、校長のリーダーシップの下、カリキュラム、日々の教育活動、学校の資源が一体的にマネジメントされ、教職員や学校内の多様な人材が、それぞれの専門性を生かして能力を発揮し、子供たちに必要な資質・能力を確実に身に付けさせることができる学校』が期待されています。

養護教諭として、当面する児童生徒の健康課題の解決に向け、校長が「目指す学校」を理解し、「チーム学校」の一人として「生きる力」を育む教育を実践することが必要です。

出典：「チームとしての学校の在り方と今後の改善方策について」中央教育審議会答申　平成 27 年 12 月 21 日

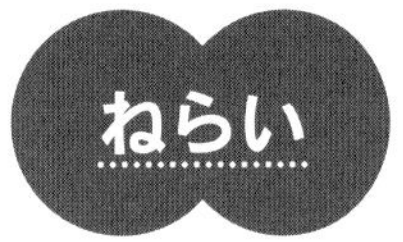


（1）学校の教育目標、教育課程、経営方針について理解する。
（2）学校の組織や養護教諭の職務、役割について理解する。

（1）校長より実習校の教育目標・教育課程・経営方針についての講話を受ける。
（2）学校の組織について学び、養護教諭の職務、役割について確認する。

## ● 学校経営方針にかかげられる項目

校長より全教職員に徹底されます。

1　学校の教育目標
2　学校の教育目標を達成するための基本方針
3　学校経営の重点
4　指導などの重点

## ● 校務分掌

学校が、その教育目標を達成するために行う一切の仕事を「校務」といいます。

## 資料　学校運営組織〈東京都立高校の例〉

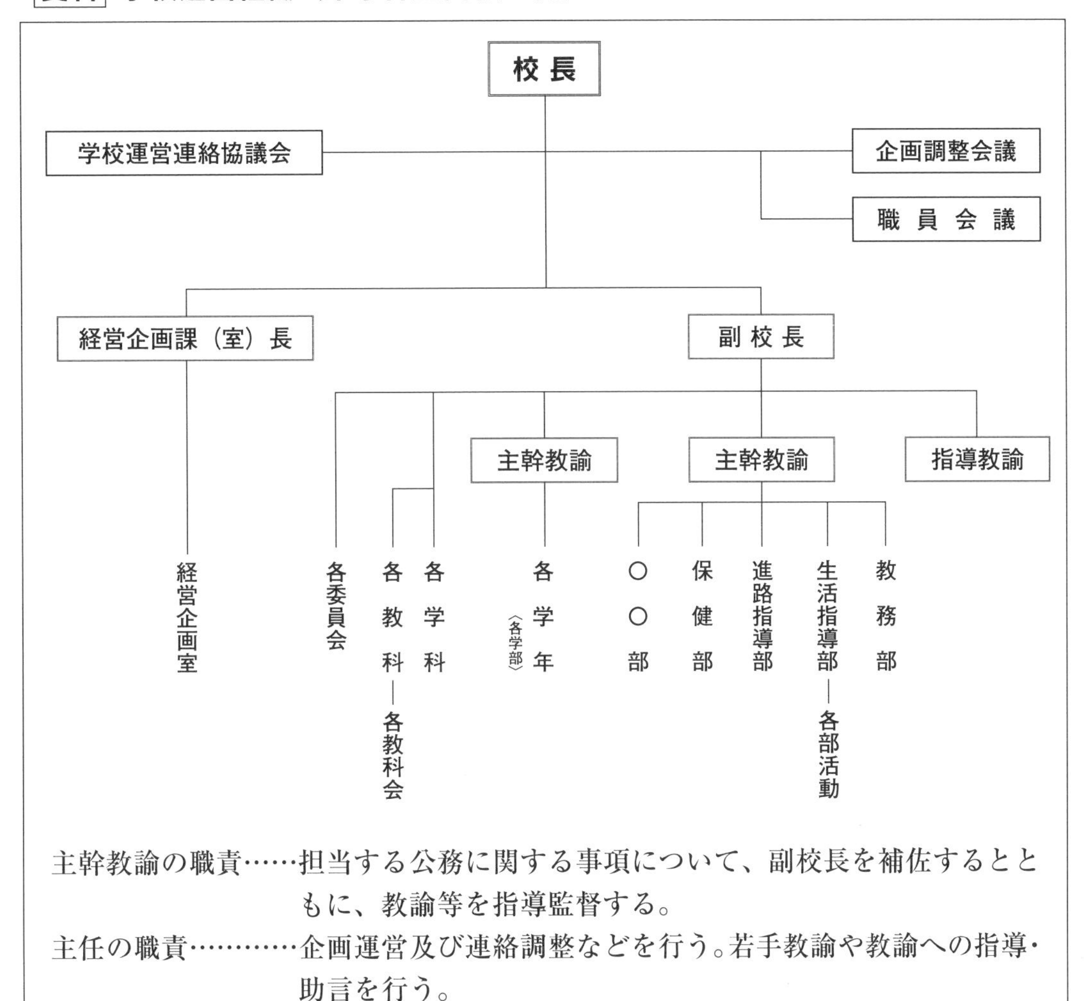


主幹教諭の職責……担当する公務に関する事項について、副校長を補佐するとともに、教諭等を指導監督する。

主任の職責…………企画運営及び連絡調整などを行う。若手教諭や教諭への指導・助言を行う。

### ワンポイントアドバイス

養護教諭は保健室に勤務するのではなく、学校に勤務しています。したがって、校長の学校経営方針にもとづいて学校運営組織の一員として職務にあたることを理解させましょう。つまり、一人で抱え込まず、「チーム学校」として組織で取り組むということです。報告・連絡・相談・記録「ほうれんそうき」を忘れずに。

**42 評価**

- ○ 学校の教育目標、教育方針、指導の重点について理解できたか。
- ○ 学校の組織について理解できたか。

# 43 ★★ 教育課程

教育課程とは、学校教育の目的や目標を達成するために、教育の内容を子どもの心身の発達に応じ、授業時数との関連において総合的に組織した学校の教育計画であり、その編成主体は各学校にあります。各学校には、学習指導要領等を受け止めつつ、子どもたちの姿や地域の実情等を踏まえて、各学校が設定する教育目標を実現するために、学習指導要領等に基づきどのような教育課程を編成し、どのようにそれを実施・評価し改善していくのかという「カリキュラム・マネジメント」の確立が求められます。

教育課程全体を通した取り組みを通じて、教科横断的な視点から教育活動の改善を行っていくことや、学校全体としての取り組みを通じて、教科等や学年を越えた組織運営の改善を行っていくことが求められています。

出典：『中央教育審議会 初等中等教育分科会資料』文部科学省（2015）

養護教諭として保健管理・保健教育・健康相談・保健指導・保健室経営・保健組織活動の役割を担ううえで、教育課程の編成と実施の基本的事項について理解を深め、職務にあたることが重要です。

（1）実習校における教育課程の編成について理解する。
（2）学校保健に関わる領域について理解する。
（3）カリキュラム・マネジメントについて理解する。

（1）副校長・教務主幹教諭より教育課程の編成やカリキュラム・マネジメントについて説明を受ける。
（2）学校保健に関わる領域について確認する。

## ● カリキュラム・マネジメントとは

（小学校学習指導要領 第１章 総則 第１の４）

各学校においては、児童や学校、地域の実態を適切に把握し、教育の目的や目標の実現に必要な教育の内容等を教科等横断的な視点で組み立てていくこと、教育課程の実施状況を評価してその改善を図っていくこと、教育課程の実施に必要な人的又は物的な体制を確保するとともにその改善を図っていくことなどを通して、教育課程に基づき組織的かつ計画的に各学校の教育活動の質の向上を図っていくことです。

「社会に開かれた教育課程」の理念の表現に向けて、学校教育に関わるさまざまな取り組みを教育課程を中心に捉えながら組織的かつ計画的に実施し、各学校の教育活動の質の向上を図っていきます。

**43 評価**

○ 実習校における教育課程の編成について理解できたか。
○ 学校保健に関わる領域について理解できたか。
○ カリキュラム・マネジメントについて理解できたか。

# 44 ★★ 学習指導要領

教育課程は学校教育法施行規則第52条および第74条並びに第84条、第109条、第129条に基づいて、文部科学大臣が公示する学習指導要領によるものと定められています。このように学習指導要領は、学校教育において一定の水準を確保するために法令に基づいて国が定めた教育課程の基準ですので、各学校の教育課程の編成および実施にあたっては、これに従わなければなりません。

学習指導要領は、10年に一度改定されます。

しかし、学習指導要領に示す教科などの目標、内容などは中核的な事項にとどめており、大綱的なものとなっているので、学校や教師の創意工夫を加えた学習指導が十分展開できるようになっています。

学校保健を担っていく養護教諭は、学習指導要領の「総則」「特別活動」「道徳」「保健体育」を熟読しておく必要があります。

（1）学習指導要領について理解する。
（2）学習指導要領の保健教育に関連する内容を理解する。

（1）校長・副校長・教務主幹より学習指導要領について説明を受ける。
（2）学習指導要領に目を通し、保健教育に関連する内容を確認する。

**ワンポイントアドバイス**

学習指導要領の解説書は安価で購入できるので、1冊手元に置いておくようにすすめましょう。

特に、性に関する教育については、考え方が多岐にわたっていますが、学校で児童生徒に指導する場合、学習指導要領から逸脱しないように指導内容を養護教諭だけではなく学校として吟味することを指導しましょう。

○ 学習指導要領のねらい、内容について理解できたか。

# 45 ★★★ 学校保健計画

学校保健年間計画は、学校の教育目標を受けて学校保健目標を立て、その目標を達成するために作成されます。学校保健年間計画は、児童生徒等及び職員の心身の健康の保持増進を図るため、児童生徒等及び職員の健康診断、環境衛生検査、児童生徒等に対する指導、その他保健に関する事項について、基本計画を調整します。

立案にあたっては、保健主事を中心に行います。養護教諭は、学校保健の専門職として、学校の健康課題を捉えた計画となるように児童生徒の実態を把握し、計画の立案に参画することが大切です。

（1）学校保健計画を理解する。
（2）学校保健計画の作成の手順と方法を理解する。

（1）保健主事より学校保健計画について説明を受ける。
（2）実習校の学校保健計画をもとに作成の手順と方法について確認する。

## ● 学校保健計画の作成方法〈例〉

1　学校保健計画に入れる具体的内容（学校の実態に即して計画を立てる）

（1）月
（2）主な学校行事
（3）保健安全行事
（4）健康目標
（5）健康管理・安全管理
　① 児童生徒の健康管理 ………… 健康診断関係行事における健康実態把握、健康調査など
　② 生活の管理 ………………… 生活習慣に関すること
　③ 環境の管理 ………………… 衛生管理、環境整備など
　④ 職員の健康管理 …………… 健康診断
（6）保健教育
　① 特別活動
　　ア　学級での指導 …………… 学校の健康課題から設定
　　イ　個別指導、健康相談 ……… 歯肉炎予防指導などのスクリーニング、心のケア
　② 教科保健
　　小学校 …………… 体育科保健領域
　　中学校 …………… 保健体育科保健分野
　　高等学校 ………… 科目保健
　③ 総合的な学習（探究）の時間 ………… 健康に関わること

（7）給食指導
（8）学校保健委員会
（9）児童生徒保健委員会
（10）家庭・地域社会との連携
（11）校務分掌活動

＊（1）～（11）の内容を、相互に連携させるように計画するとよい。

## 2　作成の手順と方法

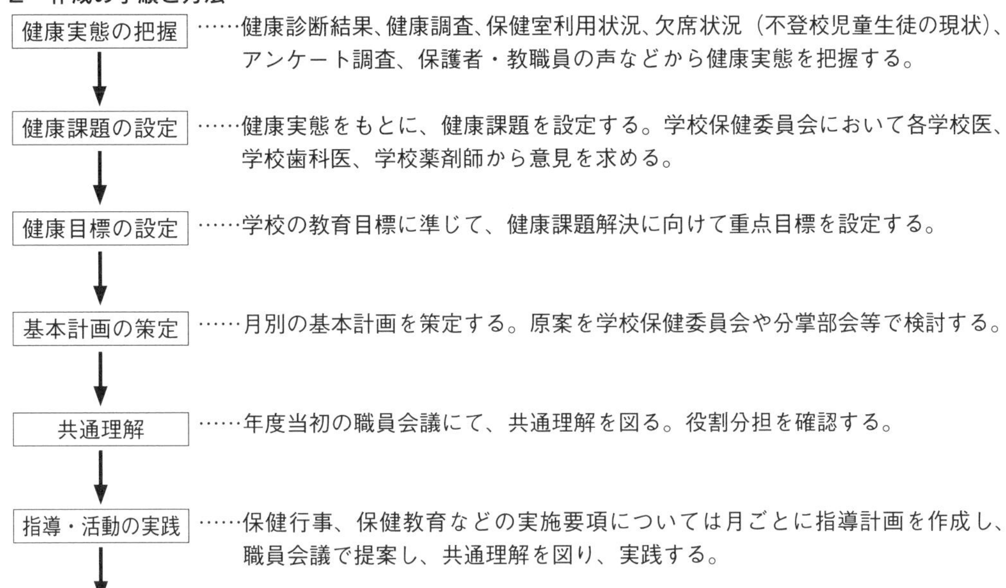


## 3　作成上の留意点

（1）まず、学校の教育目標、教育方針に準じた計画にします
（2）学校の健康課題を把握し、解決に向けた計画にします
（3）養護教諭と保健主事でしっかり話し合いをして、原案を作るようにします
（4）学校行事と保健行事、児童生徒委員会活動、保健指導はできるだけリンクさせると効果的です
（5）学校の保健教育を保護者や地域に広げる工夫をしてみましょう
（6）学校の実態に即し、やれることから計画し、実践していきます

**ワンポイントアドバイス**

学校保健計画は学校によってさまざまな形式があります。校種によっても異なるので、数校の学校保健計画を参考にしてみましょう。

**45 評価**

○ 学校保健計画の内容、作成方法について理解できたか。

## ● 学校保健安全計画表〈小学校の例〉

○○年度　学校保

| | |
|---|---|
| 教育目標 | 「元気よく　なかよく　やりぬく子」 |
| 保健目標 | 自分の健康に関心を持ち、進んで |
| 重点目標 | ○保健教育の充実を図る（薬物教育・歯科<br>○生活習慣・生活行動の変容を図る（睡眠・ |

| | 保健目標 | 保健管理 | | | 保健指導 |
|---|---|---|---|---|---|
| | | 関係行事 | 心身 | 環境 | |
| 4 | 自分のからだを知ろう | 定期健康診断（始）↓<br>始業式<br>入学式 | ○健康調査<br>○健康把握（観察、面談）<br>○結核・運動器問診票<br>○全児童の健康状況把握 | （水質検査　毎日）<br>（安全点検　毎月　生活指導部） | ○健康診断の意義と受け方<br>○保健室の役割<br>○水筒持参について |
| 5 | 身のまわりを清潔にしよう | 移動教室（6年） | ○予防接種児童健康把握<br>○プール健康管理（要注意児童の把握）　○宿泊行事指導　○健康相談① | | ○基本的生活習慣について<br>○検温・手洗い指導 |
| 6 | 歯の健康を考えよう | プール指導（始）<br>定期健康診断(終)30日<br>歯磨き週間6日～14日<br>口腔衛生指導　9日 | ○健康診断事後処理<br>○SC 情報交換　○治療勧告　○健康カードの整理配布回収 | プール水質検査<br>ダニの検査 | ○歯の健康とみがき方<br>○給食後のうがい<br>○プール健康管理について |
| 7 | 夏を健康で安全に過ごそう | | ○頭しらみ・食中毒予防<br>○夏の健康（熱中症・光化学スモッグ）　○救急法<br>○プール健康管理　○健康カードの返却回収　○SC 情報交換　○健康相談②　○健康診断票整理<br>○コロナ消毒箇所確認 | プール水質検査<br>飲料水検査 | ○頭しらみ・食中毒予防について |
| 8 | | 教職員検診 | | プール水質検査 | |
| 9 | 規則正しい生活をしよう | 発育測定、保健指導<br>運動会 | ○身長・体重の増減調べ<br>○健康相談　○SC 情報交換　○不登校・保健室登校児年間計画作成 | プール水質検査 | ○発育測定時の保健指導 |
| 10 | 目を大切にしよう | 視力検査（抽出児） | ○目の愛護デー啓発活動<br>○SC 情報交換 | 学校環境検査 | ○目の働きと健康<br>○視力低下と予防 |
| 11 | かぜの予防に努めよう | 休み前歯科検診<br>就学時健康診断 | ○就学時の健康状態把握<br>○SC 情報交換　○生活習慣調べ　○かぜ・インフルエンザ・コロナ予防 | | ○コロナ感染症・かぜとインフルエンザの予防確認<br>○インフルエンザ多発症学級への保健指導 |
| 12 | 冬を健康に過ごそう | | ○歯科治療の勧め<br>○SC 情報交換　○健康相談　○冬休み生活リズムカレンダー | | ○冬休みの換気について<br>○冬休み生活点検表 |
| 1 | 姿勢に気をつけよう | 発育測定、保健指導 | ○身長・体重の増減調べ<br>○感染症予防（コロナ・かぜ・インフルエンザ）<br>○健康相談③ | 教室環境検査 | ○よい姿勢について<br>○発育測定時の保健指導<br>○薬物乱用防止教育<br>外部講師・学校薬剤師さん等による指導<br>○戸外運動の必要性 |
| 2 | 寒さに負けず体をきたえよう | 新1年生保護者会 | ○入学前までの健康管理<br>○外遊びの励行<br>○SC 情報交換<br>○保健室登校児の評価 | | |
| 3 | 健康生活の反省をしよう | 卒業式 | ○卒業祝い作成（6年）（個人情報の返却）<br>○健康相談④（就学児）<br>○SC 情報交換 | | ○評価と新年度計画 |

## 健安全計画（案）

○○年　４月
○○小学校　生活指導部
担当　○○

健康つくりに取り組む子どもの育成

保健・姿勢教育）＊姿勢、鉛筆の持ち方、治療率の向上
食・歯・姿勢）＊休み中の生活点検表活用等

※ 相談活動は、必要に応じて優先して実施

| 保健教育 | | 児童保健委員会の主な活動内容 | 啓発活動ほか | 家庭・地域社会との連携 |
|---|---|---|---|---|
| 学級での指導 | 体育科（保健領域） | | | |
| ○健康観察<br>○健康診断の意義と受け方<br>○検温・手洗い指導 | ―別紙教育計画参照―<br>〈３年〉<br>**◆毎日の生活と健康（４）**<br>**後期**<br>◇わたしたちの生活と健康（1H）<br>◇リズムのある生活を送ろう（1H）<br>◇身のまわりのせいけつ（1H）<br>◇かんきょうを整える（1H）<br><br>〈４年〉<br>**◆育ちゆく体とわたし（４）**<br>**後期**<br>◇大きくなってきたわたしの体①（1H）<br>◇大きくなってきたわたしの体②（1H）<br>◇おとなに近づく体（1H）<br>◇体の中でも始まっている変化（1H）<br><br>〈５年〉<br>**◆けがの防止（４）**<br>**前期**<br>◇けがが起こるのはなぜ？（1H）<br>◇学校や地域社会でのけがの防止（1H）<br>◇けがの手当て（1H）<br>**◆心の健康（４）**<br>**後期**<br>◇心の発達（1H）<br>◇人とのかかわり（1H）<br>◇心と体のつながり（1H）<br>◇不安や悩みをかかえたとき（1H）<br>〈６年〉<br>**◆病気の予防（８）**<br>**前期**<br>◇病気とその起こりかた（1H）<br>◇病原体と病気①（1H）<br>◇病原体と病気②（1H）<br>◇生活のしかたと病気①（1H）<br>◇生活のしかたと病気②（1H）がん教育含む<br>◇飲酒の害（1H）<br>◇たばこの害（1H）<br>◇薬物乱用の害（1H）<br>（　）内 時間数 | ○年間活動計画作成<br>○常時活動の確認と分担<br>○石けん見回り・血液の扱い | 保健だより発行<br>事故発生時の対応（教職員）<br>食物アレルギー対応研修 | 結核調査（保健給食係・内科校医）　健康の配慮を要する児童実態把握（内科校医・保護者） |
| ○健診で見つかった病気の治療<br>○手足の爪、ハンカチ、ちり紙 | | ○手洗い呼びかけ<br>○６月集会企画・運営 | 保健だより発行<br>感染症発生時の対応（教職員）<br>歯科衛生士との打ち合わせ | 教育配慮を要する児童の把握（特別支援委員会・教育相談・SC、生活指導部会等） |
| ○歯を大切にしよう<br>―別紙参照― | | ○歯みがきの仕方・都の作文応募<br>○集会発表<br>○校内歯みがきカレンダー学級表彰 | 保健だより発行<br>プール健康管理<br>光化学スモッグ啓発<br>血液の扱い（教職員等） | 歯科指導・よい歯学校表彰作文応募、学校保健委員会①（23日）、都歯科衛生士との協力 |
| ○性指導<br>―別紙計画参照― | | ○歯の作文応募<br>○けがの集計、グラフ化<br>○１学期のまとめと反省 | 保健だより発行<br>定期健康診断集計提出（市学保係へ提出）<br>学校保健委員会報告発行 | 定期健康診断集計（保健給食係提出）<br>学校薬剤師との協力<br>民生児童委員との連絡会 |
| | | | | 気になる子の保護者面談 |
| | | | 保健だより発行 | 引き渡し訓練（生活指導部） |
| ○目の健康について<br>―保健だより・保健委員会ニュースを参照― | | ○ポスター作り（うがい・手洗い）<br>○健康施設マップづくり | 保健だより発行<br>感染症発生時の対応（教職員）<br>新年度の準備（教育計画） | 学校薬剤師との協力 |
| ○手洗い・うがいの励行<br>○栄養、休養、保温、換気 | | ○感染症についてのビデオ学習<br>○健康施設マップづくり<br>○石けん見回り | 保健だより発行<br>学校保健委員会報告発行 | 感染症対策確認<br>がん教育（外部講師との連携　５・６年） |
| ○冬休みについて（高学年）<br>○冬休み生活点検表 | | ○けがの集計<br>○２学期のまとめと反省<br>○窓あけキャンペーン計画 | 保健だより発行 | 学校保健委員会②（15日） |
| ○感染症予防（うがい・手洗い・換気）<br>○薬物乱用防止教育<br>外部講師・学校薬剤師さんによる指導<br>○寒さに負けない体つくり（遊びや運動の効果） | | ○けがの集計<br>○窓あけキャンペーン実施 | 保健だより発行 | 外部講師・学校薬剤師との協力（薬物乱用防止教育）<br>学校歯科医会との話し合い |
| | | ○校内安全・衛生検査 | 保健だより発行<br>新年度の準備 | ５・６年（都）よい歯表彰（作文含）<br>（都）歯の優良学校表彰 |
| １年間の健康生活の反省（心と体の成長、睡眠・食・歯） | | ○１年間のまとめと反省 | 保健だより発行<br>学校保健委員会評価反省<br>来年度に向けて計画立案 | 近隣中学校との懇談会<br>近隣幼・保との連絡会<br>教育相談評価<br>感染症１年間統計他提出 |

# ★★★ 保健室経営計画

保健室経営計画は、「当該学校の教育目標及び学校目標などを受け、その具現化を図るために、保健室の経営において達成されるべき目標を立て、計画的・組織的に運営するために作成される計画である」※と提言されています。

※中央教育審議会答申　平成20年1月

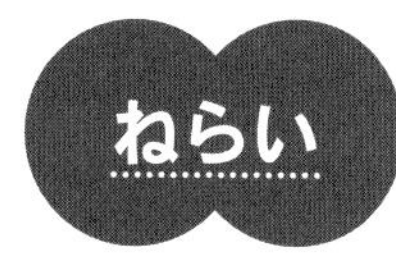


（１）保健室経営計画の作成手順や留意点を理解する。
（２）評価について、校内外の関係者が参加する意義を理解する。

（１）実習校の保健室経営計画を例に、主な内容や作成のポイントを説明する。
（２）学校の現状や健康課題の把握の仕方と、解決に向けての活動内容を考える。
（３）記載の仕方を知らせ、実習生の気づきなどがあれば話し合う。

学校経営方針に基づき、学校の児童生徒の健康課題を明確にし、その解決に向けた内容や保健室活動の推進者である養護教諭の保健室経営における課題と考え方及び、自他の評価項目などを計画の中に示すことで、教職員の理解促進が図れることと協力が得られやすくなるという利点があります。年度当初の職員会議で周知し、説明を加えることが大切です。

## ● 保健室経営計画〈小学校の例〉

〇〇〇年度　　〇〇〇〇小学校　保健室経営計画　　担当〇〇〇〇

**学校教育目標**
〇元気よく…明るくて　元気のよい子（健康に関心をもち、その維持向上に努める）
〇仲良く…きまり正しく　仲良くする子（豊かな心をもち、互いに協力し合う）
〇やり抜く…よく考えて　やり抜く子（深く考える強い意志と、創造的な実践力を培い、自分の思いや考えを伝え合い、学び合う）

**学校保健目標**
〇自分の健康に関心をもち、進んで健康つくりに取り組む子どもの育成

**重点目標**
〇健康安全な生活を基盤とし、保健教育の充実に努める。（生活指導部・体育部・特別活動との協働）
・歯科保健教育、姿勢教育（ITC教育との関連）、心の健康、がん教育、性教育、薬物乱用防止教育
〇健康に関心をもち、児童が個々の生活の質（QOL）を維持向上できるように支援する。
・生活習慣、生活行動の変容を図る。（睡眠、食、歯、姿勢）

| 児童数 | | | |
|---|---|---|---|
| 学年 | 男子 | 女子 | 計 |
| 1年 | 53 | 41 | 94 |
| 2年 | 35 | 33 | 68 |
| 3年 | 33 | 34 | 67 |
| 4年 | 35 | 29 | 64 |
| 5年 | 37 | 35 | 72 |
| 6年 | 29 | 24 | 53 |
| 計 | 222 | 196 | 418 |

**健康に関する現状と課題**

1　定期健康診断結果から

1）体位状況　2測平均は、ほとんどの学年で都や市の平均を上回る。

2）校医検診　耳鼻科や眼科は若干のアレルギー性疾患が見られた。歯科は歯列交合の増加が見られる。

・内科的管理を要する児童　心臓疾患○名、腎臓関係○名、I型糖尿病…血糖コントロール必要○名、脳波異常（てんかん類回者）○名、化学物質過敏症○名、マスク不着用児○名、食物アレルギー給食対応児○名、アナフィラキシー有り児○名、エピペン保持児○名（内、○名学校持参者）

3）視力　眼鏡使用者○名（全体の○%）、1.0未満者○名（全体の○%）　ITC活用の学習が導入され、姿勢の悪い児童が目につく。鉛筆を正しく持てない。視力にも影響を与えかねないと危惧する。また、成長と共に机と椅子の不適合な児童が見られる。姿勢の問題からなることは否めない。個々が良い姿勢を意識して過ごせるような指導の工夫が必要である。

4）歯科　DMF保有指数○○本、東京都平均○○本（令和○年度）令和○年度東京都学校歯科保健優良校、全日本学校歯科保健優良校として表彰されている。歯科教育は今後も継続をする。家庭の意識の高さや、教育委員会をはじめ地域組織の力が素晴らしい。

5）受診勧告、治療状況　全体の勧告発行数○○枚、戻り数○○枚　受診率は高いが、科により100%とはならない。受信できない家庭への働きかけが必要である。

2　体力テストから

都や市の平均をわずかに上回るが、投力の向上に課題が見られた。

3　保健室来室状況から（令和○年度）

1）スポーツ振興センター申請件数　○○件

2）年間来室のべ件数　○○件、内科的○○件、外科的○○件、その他○○件　個の行動と心のあり方が、不注意や未然に防げるけが・病気につながっているケースが多く見られる。

4　継続支援児童（保健室登校・不登校児○名、継続的遅刻児○名、クールダウン児○名）

| 保健室経営方針 | | 評価 | | | | | | | | | |
|---|---|---|---|---|---|---|---|---|---|---|---|
| 学校保健活動のセンター的役割を推進する。<br>保健室機能の充実に努め、児童・教職員及び保護者などがいつでも利用できる場とする。 | | 自己評価 | | | | | 他者評価 | | | 方法 | 総合評価 |
| 重点活動 | | 1 できた | 2 ほぼできた | 3 あまりできなかった | 4 全くできなかった | 備考 原因や今後の課題 | 誰から | 到達度 | コメント キーワード | ●アンケート ○聞き取り | 具体的活動 メモ |
| 1 保健管理 | ①救急体制に基づき、適切な救急処置と事後処理に努める | ○ | | | | | 管理職・担任 | 1 | | ● | 1 |
| | ②救急カバンや救急箱、嘔吐物処理・感染症対策セットの整備（校外・宿泊学習、学級用） | | ○ | | | | 担任 | 2 | | ○ | 2 |
| | ③学校行事の救急計画を作成し、教職員に周知すると共に協力を求める。 | ○ | | | | | 特別活動担当 | 1 | | ○ | 1 |
| | ④学校環境衛生検査を学校薬剤師と連携して適正に実施する。また日常の水質検査の事後処理と薬品や衛生材料の点検に努める。 | ○ | | | | | 薬剤師 | 1 | | ○ | 1 |
| 2 保健教育 | ①保健指導、保健学習の指導の工夫、教材教具、資料の提供などに努め、担任の教育活動を支援する。健康安全に関する指導を行う。 | | ○ | | | | 担任 | 1 | | ● | 1 |
| | ②授業形態（TT・GT）を工夫する。GTは、地域や企業の積極的な活用推進を図る。 | ○ | | | | | 授業 | 1 | | ● | 1 |
| 3 組織活動 | ①校内の関連組織と協働し、児童の健康安全指導に務める。 | | ○ | | | | 生活指導担当 | 1 | | ○ | 1 |
| | ②学校保健委員会の活性化に努める。 | ○ | | | | | 保健主任 | | | ● | |
| | ③児童保健委員会は、特別活動の目標やねらいが達成できるよう児童の支援・助言を行う。 | | ○ | | | | 指導担当 | 2 | | ○ | 2 |
| 4 相談活動 | ①生活指導部、担任、保護者との連携を通して、長期・短期計画を作成し、SCを含め学校職員へ周知と協力を求めながらの相談活動に徹する。 | | ○ | | | | 担任 | 2 | | ○ | 2 |
| 5 その他 | ①机と椅子の適合調査を実施し、改善に努める。 | | ○ | | | | 担当教諭 | | | ○ | 2 |
| | ②各部（教職員、PTAなど）との効果的な協働作業（感染症対策）を実施する。 | | ○ | | | | 教務担任 | | | ○ | 2 |
| | ③保健室予算の活用を適正に行う。 | | | ○ | | | 事務 | | | ○ | 2 |

改善点（意見や助言の反映）

・保健教育のGT（ゲストティーチャー）との打ち合わせで、関係者とのコミュニケーション不足があったため、事前準備がぎりぎりになった学年があった。今後は、学年とのコミュニケーション不足の解消を図る。

・姿勢教育は、工夫しながら今後も継続をする。机と椅子の前項調査と調整は、年2回実施する

参考文献：『保健室経営計画作成の手引き』公益財団法人　日本学校保健会（2014）

○ 保健室経営計画は、なぜ必要なのかを理解できたか。

○ 保健室経営計画作成の手順や、活用の方法が理解できたか。

# 47 ★★ 学校教育相談

学校教育相談は、学校を中心に教育相談に関わる活動の全般を意味します。(学習相談・進路相談・健康相談等)

教育相談の担当者は、一般的に校務分掌上、生徒指導組織に位置づけられていることが多くあります。その役割は、学校教育相談活動の推進と、教職員一人ひとりの意識向上のための研修を実施することなどがあげられます。いじめや不登校、保健室登校などの心の問題が増加してきた平成７年３月に行われた「いじめ緊急対策会議」の提言後、養護教諭の相談組織への位置づけが定着してきました。

養護教諭は、保健室の機能や養護教諭の職務を生かした保健室における健康相談活動の実践から、学校教育相談活動の組織の一人として児童・生徒・保護者への支援にあたることが大切です。

**ねらい**

（１）学校における教育相談の流れを理解する。

（２）学校教育相談の組織と養護教諭の役割について理解する。

**実習方法**

※ 特別支援教育コーディネーター、教育相談担当者、スクールカウンセラー、スクールソーシャルワーカー等から指導を受ける。

（１）学校教育相談活動と保健室における健康相談活動について学ぶ。

（２）特別支援教育コーディネーター、スクールカウンセラー、スクールソーシャルワーカー等との交流を図る。

**ワンポイントアドバイス**

実習中に得た児童生徒の情報は、絶対にほかにもらさないように守秘義務を理解させますが、子どもから「だれにも言わないでね」と言って相談を受けたり、情報を知ったりした場合、指導者には必ず報告するように指導します。自分の力で解決しようと思ってはいけないこと、学校教育相談は「組織」で動くことを常に念頭においておくようアドバイスします。

## ● 学校における教育相談体制づくり

全校を挙げて、教育相談を効果的に推進するために、その中心となって連絡や調整等を行う分掌・係・委員会の組織が必要です。役割を明確にし、相互の関連を十分に図ることが大事です。

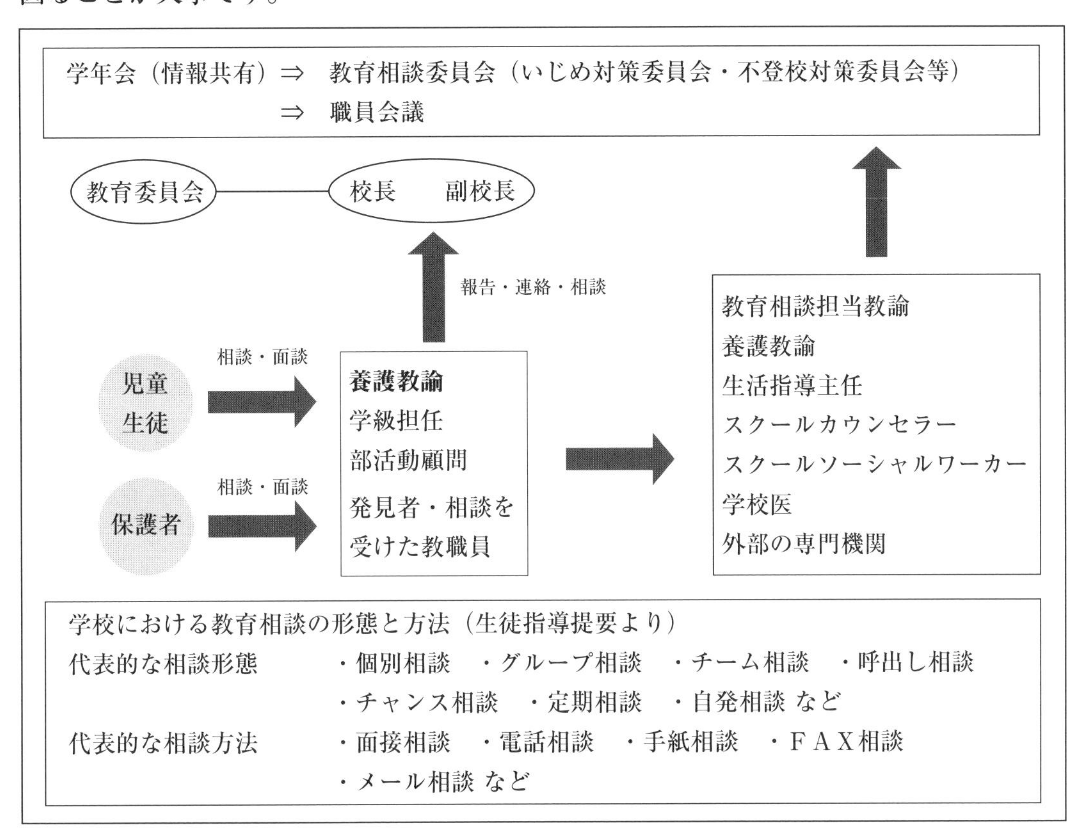


## ● 養護教諭が教育相談的役割を果たすために留意すること

・保健室で抱え込まずに、学級担任・ホームルーム担任等と連携する
・教職員や管理職と日ごろからコミュニケーションをよく図る
・校内へ定期的な活動報告を行う
・養護教諭の教育相談的役割や、児童生徒が保健室を利用した場合の養護教諭と学級担任・ホームルーム担任の連絡の在り方等について共通理解を図る
・職員会議で養護教諭からの報告の機会を確保する
・校内研修会で保健室からの事例を取り上げる
・学校行事や学年行事に養護教諭の参加と役割を位置づける
・教育相談の校内組織に養護教諭を位置づける

参考：「生徒指導提要」文部科学省（2022）

○ 学校教育相談の流れについて理解できたか。
○ 学校教育相談の組織を理解できたか。
○ 学校教育相談における養護教諭の役割について理解できたか。

# 48 ★★ 生徒（生活）指導

生徒指導は、学校教育の目的や目標を達成するうえで重要な機能を果たすものであり、学習指導と並んで学校教育において重要な意義をもつものといえます。生徒指導提要（文部科学省　令和４年）では、生徒指導の定義と目的を以下のように示しています。

**生徒指導の定義**

生徒指導とは、児童生徒が、社会の中で自分らしく生きることができる存在へと、自発的・主体的に成長や発達する過程を支える教育活動のことである。なお、生徒指導上の課題に対応するために、必要に応じて指導や援助を行う。

**生徒指導の目的**

生徒指導は、児童生徒一人一人の個性の発見とよさや可能性の伸長と社会的資質・能力の発達を支えると同時に、自己の幸福追求と社会に受け入れられる自己実現を支えることを目的とする。

出典：『生徒指導提要』文部科学省（2022）

養護教諭は、全校児童生徒と関わる機会が多くある立場にあります。保健室に来室する児童生徒などとの、日々の関わりを通して児童生徒の様子をよく観察し、養護教諭の専門性を生かした生徒指導的課題の未然防止や早期発見に努め、チーム学校として常に組織的な対応を心がけることが大切です。

（１）生徒指導の定義や目的を理解する。
（２）生徒指導の方法及び養護教諭の専門性を生かした生徒指導への関わり方について理解する。

（１）生徒指導主事からの講話を受ける。
（２）実習校の生徒指導基本方針をもとに、生徒指導目標や養護教諭が関わる事例等について学ぶ。
（３）生徒指導に関する組織について学び、校内委員会に出席する。

**● 生徒指導事例**　※指導教諭とともに、適切な対応について検討します。

（１）いじめられている、と児童生徒が相談しに来たとき
（２）以前から性別違和があることを児童生徒が打ち明けてくれたとき
（３）交際しているパートナーから暴力を受けたと児童生徒が相談しに来たとき
（４）腕に自傷行為と思われる傷跡がある児童生徒を見かけたとき
（５）虐待が疑われる傷跡がある児童生徒が来室したとき

## ● チーム学校

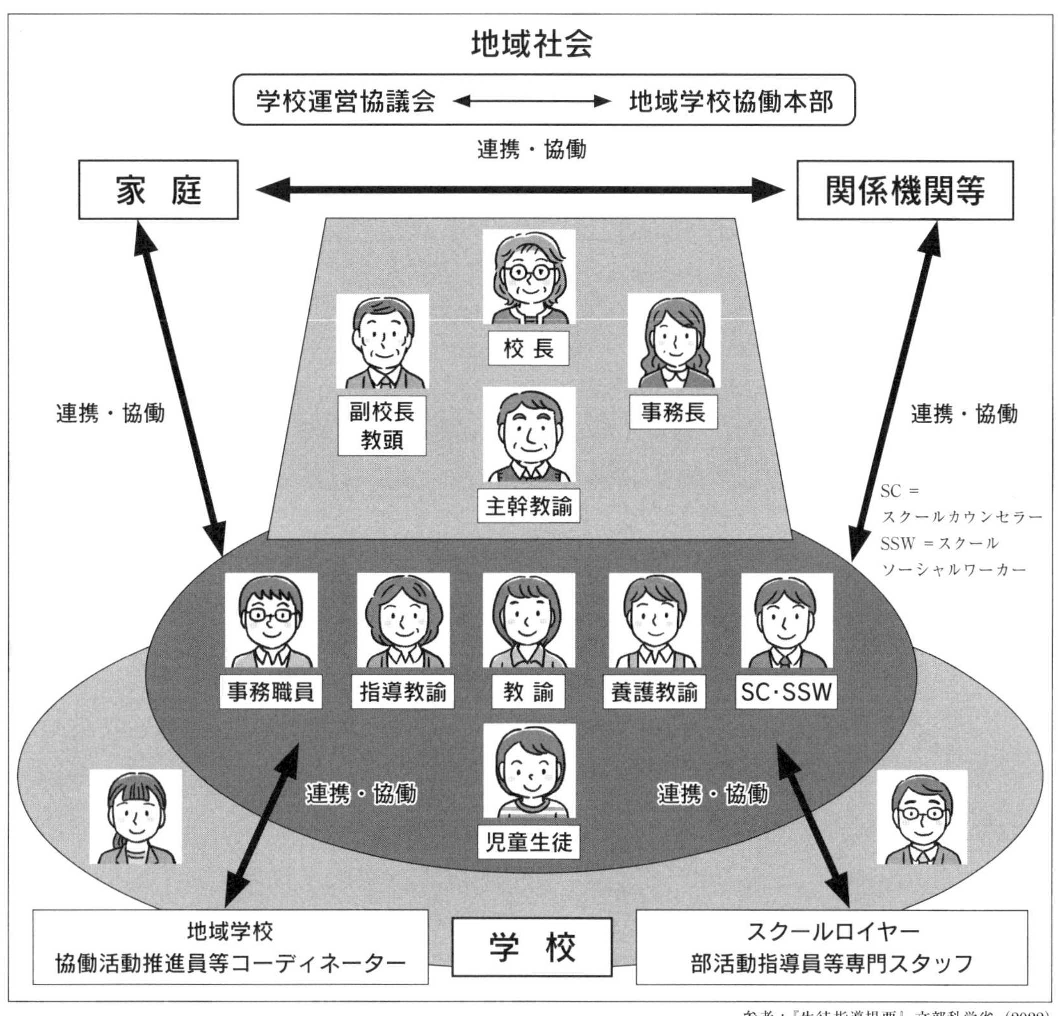


参考：『生徒指導提要』 文部科学省（2022）

### ワンポイントアドバイス

令和４年の『生徒指導提要（改訂版）』では、校内連携のみならず、多職種の専門家、関係機関がチームを組んで生徒指導に関する諸課題について対応を行っていくことの重要性が盛り込まれており、養護教諭の役割も各章に記されています。いじめ、児童虐待、自殺予防、不登校、性に関する課題、多様な背景をもつ児童生徒への生徒指導など、養護教諭の専門性を生かして行うべき支援・指導や連携について、指導者も実習生も『生徒指導提要』で今一度確認しておきましょう。

48 評価

○ 生徒指導の定義や目的が理解できたか。
○ 生徒指導の方法と養護教諭の専門性を生かした関わり方を理解できたか。

# 49 ★ 保健主事（主任）

学校職員の中で、養護教諭の役割を一番理解し協力してくれるのが保健主事です。困ったときの相談役や保健活動の推進を心強く手助けしてくれます。学校によっては、養護教諭が保健主事を兼任しているところもあります。
（東京都：保健主任、他の自治体：保健主事）

（１）保健主事の役割を理解する。
（２）保健主事と養護教諭の連携について理解する。

**実習方法**

（１）保健主事から役割についての説明を受ける。
（２）心身の健康の保持増進の観点から、児童生徒の健康問題の複雑化、多様化（いじめの問題）、児童生徒の指導上の諸問題への対応について、保健主事への期待が大きいことを学ぶ。
（３）保健主事が推進者としての企画力とリーダーシップを発揮することや調整能力が求められていることを学ぶ。

**ワンポイントアドバイス**

学校保健委員会の開催や企画運営に関わるとき、また学校保健安全計画の立案や運営時、保健教育に関わる指導体制の強化にあたるときなどは、保健主事と連携を図ります。
『保健主事のための実務ハンドブックー令和２年度改訂ー』公益財団法人日本学校保健会（2021）を参考にしてください。

**学校教育法施行規則　第45条**

小学校においては、保健主事を置くものとする。

２　前項の規定にかかわらず、第４項に規定する保健主事の担当する校務を整理する主幹教諭を置くときその他特別の事情のあるときは、保健主事を置かないことができる。

３　保健主事は、指導教諭、教諭又は養護教諭をもつて、これに充てる。

４　保健主事は、校長の監督を受け、小学校における保健に関する事項の管理に当たる。

※ 学校教育法施行規則第79条（中学校）、第104条（高等学校）、第135条（特別支援学校）で、上記の規定を準用することを定めています。

施行規則の２項「特別の事情」とは、極めて小規模の学校であるなどの事情を指しています。また、４項の「保健に関する事項の管理」とは、いわゆる管理・監督ではなく、学校保健活動の企画・調整にあたるということであり、調整の中には、学級担任などへの指導・助言が含まれます。

### ● 保健主事（主任）の具体的な役割

1　学校保健と学校教育全体の事項の管理にあたる
2　学校保健計画の作成とその実施
3　学校保健に関する組織活動の推進
4　学校保健に関する評価の実施

**49 評価**

○ 保健主事の役割を理解できたか。
○ 保健主事との連携が大切なことが理解できたか。

# ★運営組織との連携 管理職・担任・専科・主事など

学校の実態に合わせて行事や指導がスムーズに運ぶよう、養護教諭も指導者として職員とともに、学校運営や職場環境を支えています。
校務分掌については、各学校で組織づくりや名称はさまざまですが、すでに管理職や主幹・教務主任らから講話を受けていると思います。ここでは、実際にどこに関わっているのか、なぜ関わる必要があるのか、どんな関わりがあるのかなどを考えて、実習生にプリントなどで説明をするとよいでしょう。

（１）実習校の校内組織を理解する。
（２）養護教諭が所属している組織や、関わりが深い分掌部会の年間の活動について理解する。

（１）分掌部会の定例会に参加する。
（２）養護教諭が所属する校内組織において、養護教諭の専門性を生かした関わり方にはどのようなものがあるかを考える。

## ● 校内の運営組織

養護教諭の担当者の考えや、活用して欲しい能力や経験を反映して所属していますが、職員の人数や学校の実情で割当範囲があり、学校によっては希望を取って調整しています。

**資料 運営組織〈例〉**

| 部 | 関連部所 | 関連する内容や関わるケース |
|---|---|---|
| 研究部 | 教　科 | ○ 各自治体の教育研究会所属<br>他校の教諭らと教科指導の研究をする<br>○ 保健教育や生活全般 |
| | 道　徳 | ○ 生命尊重、人権、奉仕 |
| | 教科外 | ○ 花壇や壁面計画　○ 校内美化 |
| 指導部 | 生活指導 | ○ 学校教育相談　○ 安全指導・安全点検<br>○ 校内生活・拾得物管理　○ 避難訓練 |
| | 保健給食指導 | ○ 保健年間計画・保健指導<br>○ 清掃指導、用具・分担箇所割当<br>○ ランチルーム割当 |

| | | |
|---|---|---|
| | 特別活動 | ○ 児童生徒会活動（委員会）<br>○ 学級活動（月別指導案） |
| 教務部 | 計　画 | ○ 補教割当　○ 学校だより |
| | 学　籍 | ○ 転入・転出　○ 在籍・日々出欠表 |
| 事務部 | 庶　務 | ○ 職員緊急連絡網 |
| | 経　理 | ○ 日本スポーツ振興センター共済給付 |
| | 施　設 | ○ 児童用机・いす・靴箱・ロッカー |
| 渉外部 | 親睦会 | ○ 学期ごとで割当 |
| | 同窓会 | ○ 同窓会担当 |
| PTA | 会　計 | ○ 成人教養部<br>○ 校外指導部<br>○ 広報部<br>} 毎年、順番で |
| | 書　記 | |

| 特別委員会 | | その他部会 | |
|---|---|---|---|
| 特別委員会 | ○ 企画運営委員会<br>○ 体育的行事委員会<br>○ 文化的行事委員会<br>○ 特別支援委員会<br>○ 不登校対策委員会<br>○ 就学時対策委員会<br>○ いじめ対策委員会<br>○ 食物アレルギー対策委員会<br>○ 医療的ケア安全委員会<br>○ 学校運営連絡協議会 | その他部会 | ○ 専科部会<br>○ 研究分科会<br>○ 給食・用務主事との協議会 |

**ワンポイントアドバイス**

組織の一員として自覚をもちつつ参加するように促すとよいでしょう。それによって、保健活動に理解や協力をしてくれることがあったり、児童生徒を知るデータを得られたりすることもあります。

50 評価

○ 校内組織との連携が理解できたか。
○ 校内の実情により、それぞれの学校で組織運営があることが理解できたか。

# 51 ★関係諸機関との連携

いじめ問題、不登校、発達障がい、感染症等現代社会における児童生徒の健康課題が複雑化、多様化する中、管理職・教職員・保護者・地域関係者の連携のもと、その改善に向け、「チーム学校」として取り組むことが重要です。

保健室経営は、養護教諭の専門性と保健室の機能を最大限に生かし、教育活動の一環として進めるものです。養護教諭がキーパーソンとなり、関係諸機関との連携のネットワークを組織し、コーディネーターの役割を担うことが重要な要素となります。

（１）保健室経営における学校内外の関係諸機関との連携について理解する。
（２）「チーム学校」の意味について理解する。

（１）養護教諭より保健室経営における学校内外の連携機関について説明を受ける。
（２）いくつか場面設定し、連携する諸機関についてシミュレーションしてみる。

## ● 保健室経営における校内の連携

養護教諭

|  |  |
|---|---|
| ①管理職 | 日々の保健室経営に関する報告・連絡・相談　保健日誌の活用 |
| ②保健主事（保健主任） | 学校保健活動の企画・調整に関すること |
| ③学年主任 | 学校保健活動への協力依頼　学年の児童生徒の実態に関する報告・相談 |
| ④担任 | 児童生徒の心身の健康課題について報告、相談　保健室の使用状況について報告 |
| ⑤保健部担当教員（教育相談委員会担当教員） | 学校保健活動の企画・調整に関することの具体的な方策について意見交換　児童生徒の情報共有　指導方法の検討 |
| ⑥各分掌主任 | 企画調整会議において共通理解 |
| ⑦栄養教諭・学校栄養職員 | 学校給食に関すること　食物アレルギーをもつ児童生徒の対応 |
| ⑧事務室（経営企画室）職員 | 保健室の消耗品・備品等について依頼 |
| ⑨スクールソーシャルワーカー・ユースソーシャルワーカー | 児童生徒の心身の健康問題について報告、相談日時の調整、連絡 |
| ⑩用務主事 | 校内の環境整備に関すること |
| ⑪保護者 | 児童生徒の心身の健康に関する情報収集　保護者へのアドバイス |

## ● 養護教諭と外部関係諸機関

| 関係機関 | 内　容 |
|---|---|
| 教育委員会 | ①健康診断に関すること（書式、業者、報告等）<br>②日本スポーツ振興センターに関すること　③保健室の備品、消耗品に関すること<br>④感染症の報告　⑤ SC・SSW（YSW ＝ユースソーシャルワーカー）等の専門職の依頼、連絡調整　⑥諸調査の報告 |
| 学校医・学校歯科医 | ①健康診断に関すること（日程調整、方法等）<br>②心身の疾病に関する相談・診断・予防・治療等、感染症の報告・相談<br>③保健室の備品、消耗品に関すること　④学校医執務記録に関すること |
| 学校薬剤師 | ①校内の環境衛生　②水質、騒音、照度等の検査・相談<br>③薬物乱用防止教室の企画の相談、講師依頼　④諸調査<br>⑤学校薬剤師執務記録に関すること |
| 医療機関 | ①緊急時の受診依頼・搬送 |
| 教育相談センター | ①児童生徒の家庭環境に関する問題の相談<br>②発達障がい、知的障害、不登校等児童生徒に関すること |
| 児童相談所 | ①児童生徒の家庭環境に関する問題の相談・保護（ヤングケアラー）<br>②虐待・DV を受けている児童生徒の相談・保護　③本人の問題行動<br>※強力な法的権限などの高度な専門性を必要とする相談に対して調査介入型のアプローチを行う。一時保護ができる<br>※児童福祉士・児童心理士・医師などが相談に応じる |
| 子ども家庭支援センター | ①児童生徒の家庭環境に関する問題の相談<br>②虐待・DV を受けている児童生徒の相談　③本人の問題行動<br>※子育て支援を担い、養育不安等に対応する。児童虐待の発生予防的な対応を担う。 |
| 教育支援センター | ①不登校児童生徒の学校復帰への支援<br>②適応障害、言葉の遅れ、知的障害等の支援（通級指導） |
| 福祉事務所 | ①生活保護家庭との連絡・対応　②民生児童委員への相談 |
| 特別支援学校 | ①支援を必要とする児童生徒の相談　②指導方法等の協議会、連絡会 |
| 保健所・保健センター | ①精神保健、新型コロナウイルス感染症、結核等の感染症の報告・相談<br>②文化祭等の食品衛生に関する報告（検便含む）　③保健教育の講師依頼 |
| ハローワーク | ①生徒の就労に関すること |
| 警察 | ①安全対策・行事時における学校周辺の警備依頼<br>②児童生徒の問題行動に関わる相談　③ DV・虐待対応、保護願い |

**ワンポイントアドバイス**

「チーム学校」といわれるように、学校は組織で成り立ちます。その中で養護教諭は、企画力・実行力・調査能力が連携を図るうえで必要な資質となります。日常的にこの力を身につける努力をしましょう。

用務主事など外部委託の職種の場合、依頼は管理職を通して行うようにします。

51 評価

○「チーム学校」の意味を理解できたか。
○ 関係諸機関との連携の在り方を理解できたか。

# ★★ 学校保健委員会

　学校保健委員会とは、管理職のリーダーシップのもとで各関係者が招集され、学校における健康課題を共有し研究協議を経て課題における健康つくりを推進する組織です。

　各学校では、学校保健委員会の活性化を図るために、保健主事と養護教諭が中心となり、さまざまな工夫を取り入れて開催されています。また、地域拡大学校保健委員会を開催している地区もあります。子どもたちの実態と地域や学校の実情に合わせて開催されています。

## ● 学校保健委員会（構成例）

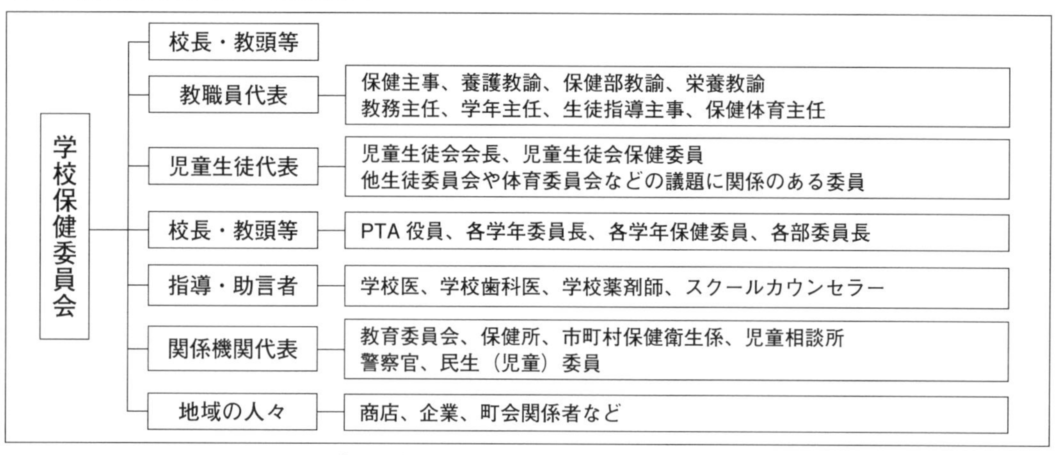


出典：『保健主事のための実務ハンドブック－令和２年改訂－』公益財団法人　日本学校保健会（2021）

（１）学校保健委員会の開催の手順や活動内容を理解する。
- ① 組織活動の構想
- ② 運営と手順（委員会会則・委員会の回数含む）
- ③ 構成メンバーと役割分担
- ④ 協力依頼について（学校医・学校歯科医・学校薬剤師、PTA、地域関係者、講師、企業など）
- ⑤ 開催の議題によっては、参加対象者を拡大したり縮小したり調整する
- ⑥ 振り返り（反省と評価）

（１）実習校の実践活動の様子をもとに、委員会の開催前後の手順を学ぶ。
- ① 開催通知、開催後の啓発活動（たよりや掲示物など）
- ② 健康課題において、健康つくり推進の過程を確認する

（2）企画や運営に関し、養護教諭の関わり方で実習生の気づきや思いを聞き取り、支援や助言をする。

## ● 学校保健委員会報告〈小学校の例〉

○○区立○○小学校
校長　○○　○○

○○○○年度　第２回　学校保健委員会報告

1　日時　○○○○年○月○○日（火）14:25 ～ 15:40
2　場所　体育館
3　対象　○○小学校　児童（４、５、６年…６校時参加）
　　　　○○小学校　保護者　地域関係者　学校医　学校薬剤師　教職員
4　講演　テーマ「噛むことと健康づくり」
　　　　講演者　○○○○大学教授　○○　○○　氏

1）校長挨拶
　学校保健委員会は児童の健康づくりを校医の先生方をはじめ、保護者や地域の皆様、教職員、みんなで考える会で、昨年の７月に第一回、今日が第二回目です。（後略）

2）児童保健委員会より
プロジェクターによる絵本の紹介
「ロバに入れ歯を贈った歯医者さん」○○○○出版株式会社
　○○先生のお父さんの○○○○先生が上野動物園のロバに入れ歯を作った話です。（後略）

3）講演
　先ほどのロバの話は、昔、私の父のやった仕事で、骨董通りで歯医者さんを開業していました。今日は皆さんに歯の大切さと運動機能について理解してもらえたらと思います。（後略）

4）校医の先生より
　歯科（○○先生）、耳鼻科（○○先生）、学校薬剤師（○○先生）、内科（○○先生）（それぞれの先生のコメントは略）

5）PTA 会長挨拶（○○会長）
今日はありがとうございました。（後略）

文責　栄養職員 ○○・主幹養護教諭 ○○

### ワンポイントアドバイス

学校医や学校歯科医、学校薬剤師の助言は参加者にとてもよい影響を与えてくれます。学校医の都合で当日の参加ができないとわかった場合、あらかじめアンケートや電話、メールなどを活用して指導助言をいただいておくと参加者や家庭への報告に生かせます。また、会議の進行や役割にはさまざまな方法があります。活性化に繋がるような工夫をすることが大切であることをしっかり伝えましょう。

**52 評価**

○ 学校保健委員会の役割が理解できたか。
○ 学校保健委員会における養護教諭や保健主事の関わり方が理解できたか。

# 53 ★★★ 実習生の評価

短期間の実習ですが、評価は受け入れ側としては大切なものです。保健室という狭い範囲だけではなく学校全体をみて、養護教諭としての資質や能力・熱意・子どもとの対応などの視点で評価します。

初めてのことばかりの実習ですから、本人のやる気と今後のことに自信をなくさないように、プラス志向で考えるようにします。適切なアドバイスも付け加えます。

## ● 実習生の全体的評価〈例〉

〈実習校からの評価〉実習全般について、学生への評価、ご指導、お気づきの点など、ご記入いただければ幸いです。

4週間、本当にお疲れさまでした。忙しすぎる学校の最も多忙な時期の実習は、大変だったと思いますが、逆にいうといろいろな体験ができてよかったかなと考えています。十分な指導はできませんでしたが、以下、気がついたことを記してみます。

1　日常の勤務について

いつもあたたかくやさしい気持ちで子どもたちに接していましたので、子どもたちも安心して保健室に出入りしていました。小学校には、この気持ちが特に大切だと思っています。「素直」と「まじめ」と「若さ」が○○さんの長所です。

2　保健教育について

指導案検討から、使用資料の訂正など時間がかかりましたが、その分よい授業になったと思います。私自身も学ばせていただき、感謝しています。保健だよりのプラスアルファとしてのまとめも立派です。

3　実習のまとめ

自分の考えや保健室で思っていることを他人にわかってもらうのには、それを文章化できる能力が必要です。保健だよりに原稿を書いてもらいましたが、立派な文章です。養護教諭になるためにさらなる努力を期待します。

よい養護教諭になれる素質がたくさんありますので、どうぞこれからもがんばってください。応援しています。

指導担当養護教諭　○○○○

### ワンポイントアドバイス

実習生の評価は一人で判断しないで、関わった教職員の意見も聞きましょう。そして、最後に管理職に目を通してもらいます。

## ● 実習生の評価の実際〈小学校の例〉

<table>
<tr><td colspan="3">養護実習成績評価表</td><td>実習生<br>学　校<br>氏　名</td><td colspan="3">○○大学　○○ ○○</td></tr>
<tr><td>実習校</td><td>○○○○小学校</td><td>校長<br>氏名・印</td><td>○○ ○○ 印</td><td>養護教諭<br>氏名・印</td><td colspan="2">○○ ○○ 印</td></tr>
<tr><td>項目</td><td>着眼点</td><td>評　点</td><td colspan="3">所　見</td><td>総合</td></tr>
<tr><td>人格資質</td><td>1　礼儀・作法<br>2　言語・態度<br>3　責任感</td><td>Ⓐ・B・C・D<br>Ⓐ・B・C・D<br>Ⓐ・B・C・D</td><td colspan="3">おとなしいが、しっかりしており、また礼儀・作法・態度も好感が持て、責任を持って仕事にあたっていた。</td><td>Ⓐ<br>B<br>C<br>D</td></tr>
<tr><td>教育的能力</td><td>1　保健管理の技術と能力<br>2　保健指導の協力的態度<br>3　保健教育への熱意<br>4　児童・生徒への理解度</td><td>Ⓐ・B・C・D<br>Ⓐ・B・C・D<br>Ⓐ・B・C・D<br>A・Ⓑ・C・D</td><td colspan="3">真面目に一生懸命課題に取り組んでいた。ただし、もう少し積極的に子どもに接することができると、なおよかった。</td><td>Ⓐ<br>B<br>C<br>D</td></tr>
<tr><td>経営事務</td><td>1　保健室経営の能力<br>2　事務処理の能力<br>3　保健資料作成の能力</td><td>Ⓐ・B・C・D<br>Ⓐ・B・C・D<br>Ⓐ・B・C・D</td><td colspan="3">事務処理にはパソコンを使用、資料も授業にあった内容のものを準備し、子どもに理解されていた。</td><td>Ⓐ<br>B<br>C<br>D</td></tr>
<tr><td>勤務</td><td>1　出勤状況<br>2　勤務中の態度<br>3　人間関係</td><td>Ⓐ・B・C・D<br>Ⓐ・B・C・D<br>A・Ⓑ・C・D</td><td colspan="3">毎日朝早くから来て諸準備をし、遅刻・早退もなかった。先生方とも積極的に接するとなお良好だった。</td><td>Ⓐ<br>B<br>C<br>D</td></tr>
<tr><td rowspan="2">実習期間</td><td rowspan="2">○○年○月○日（○）より<br>○○年○月○日（○）まで<br>出席日数　19　日間</td><td>出席日数</td><td>19　日</td><td>遅　刻</td><td colspan="2">0　回</td></tr>
<tr><td>欠席日数</td><td>0　日</td><td>早　退</td><td colspan="2">0　回</td></tr>
<tr><td>総合所見</td><td colspan="4">全体に非常に熱心で、実習態度も良好。すべてに意欲的に取り組み、養護教諭としての素質が十分あると感じられました。さらなる自己研修と現場での活躍を望んでいます。</td><td>総合成績</td><td>Ⓐ・B・C・D</td></tr>
<tr><td colspan="7">備考　① A＝優（80点以上）　B＝良（79〜70点）　C＝可（69〜60点）　D＝不可（59点以下）と評価してください。評点は○で囲んでください。<br>② 校長より厳封の上、大学へお送り下さい。<br>③ 所見は詳述して下さい。このほかに所見などがありましたら、別につけ加えて下さい。</td></tr>
</table>

# 54 ★★★ 実習生のまとめ

実習が終わったら、実習生自身の感想やまとめを書いてもらいましょう。フレッシュな感覚で外から見た学校保健活動は、マンネリ化しがちな養護教諭にとって、新鮮なことが多いものです。

それらを今後の学校保健に生かすことができたら、実習生を受け入れた価値がでてきます。

## ● 実習生のコメントを載せた保健だより〈例〉

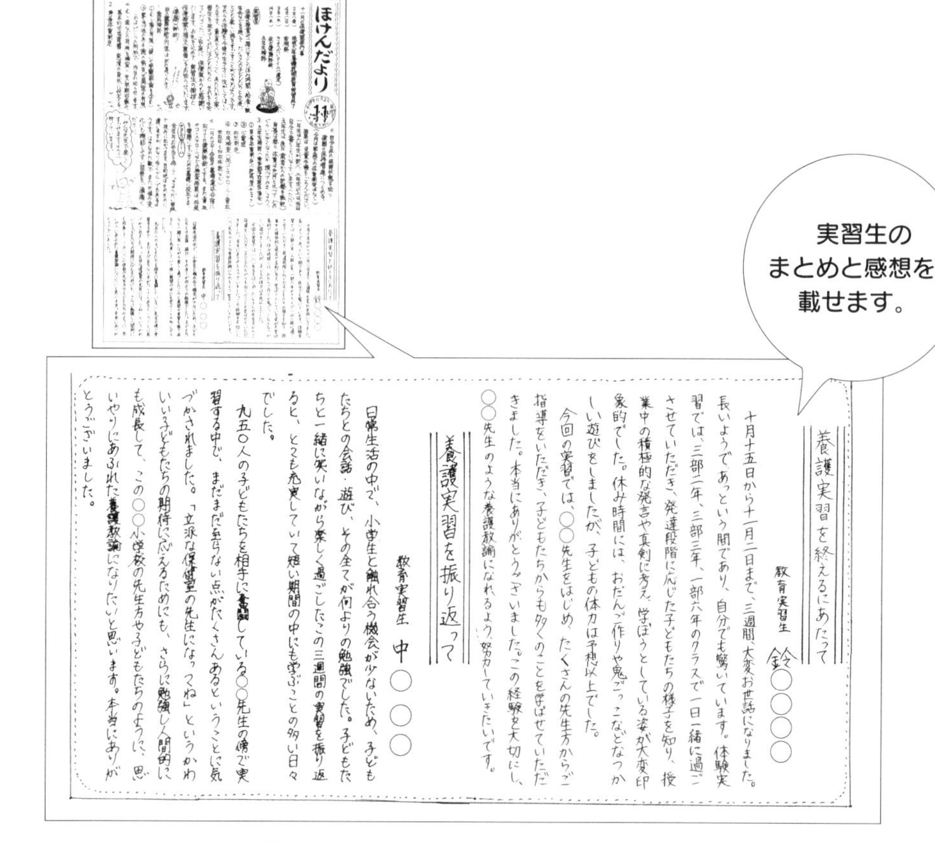

ほけんだより

養護実習を終えるにあたって

教育実習生　鈴〇〇〇

十月十五日から十一月二日まで、三週間、大変お世話になりました。長いようであっという間であり、自分でも驚いています。体験実習では、三部二年、三部三年、一部六年のクラスで一日一緒に過ごさせていただき、発達段階に応じた子どもたちの様子を知り、授業中の積極的な発言や真剣に考え、学ぼうとしている姿が大変印象的でした。休み時間には、おだんご作りや鬼ごっこなどなつかしい遊びをしましたが、子どもの体力は予想以上でした。

今回の実習では、〇〇先生をはじめ、たくさんの先生方からご指導をいただき、子どもたちからも多くのことを学ばせていただきました。本当にありがとうございました。この経験を大切にし、〇〇先生のような養護教諭になれるよう、努力していきたいです。

養護実習を振り返って

教育実習生　中〇〇〇

日常生活の中で、小学生と触れ合う機会が少ないため、子どもたちとの会話・遊び、その全てが何よりの勉強でした。子どもたちと一緒に笑いながら楽しく過ごしたこの三週間の実習を振り返ると、とても充実していて短い期間の中にも学ぶことの多い日々でした。

九五〇人の子どもたちを相手に奮闘している〇〇先生の傍で実習する中で、まだまだ至らない点がたくさんあるということに気づかされました。「立派な保健室の先生になってね」というかわいい子どもたちの期待に応えるためにも、さらに勉強し人間的にも成長して、この〇〇小学校の先生方や子どもたちのように、思いやりにあふれた養護教諭になりたいと思います。本当にありがとうございました。



### ワンポイントアドバイス

実習生のまとめは、保健だよりにも使うことができます。そのときには保護者対象ということを伝え、素直に感じたままを文章化してもらいます。

書くことは大変でも、苦労した分本人のよい思い出にもなるようです。

# 55 ★★★ 養護教諭自身のまとめ

人に教えるということは、自分自身の仕事を振り返り、学校保健活動全体を見直すことでもあります。また自分の学校の特色や子どもたちの実態・課題は何か、問題となっていることに対し養護教諭としてどう対処しているかなどが問われる機会でもあります。実習生に指導するとともにそれらを明確にし、養護教諭自身のまとめと反省もしておきましょう。

## 実習生に対して

・反省する点は何か。
・うまくいったのはどんなときか。
・失敗したことは何か。
・もっと工夫すべきことはどんなことか。

## 実習中の評価

・実習生をよく見て指導したか。
・養護教諭として適切な指導助言ができたか。
・実習生が気持ちよく実習ができるよう、配慮したか。
・評価を適正に行ったか。
・実習日誌へのアドバイスは適切であったか。

### ワンポイントアドバイス

養護教諭自身のまとめは、実習生に指導できなかったことはないか、逆にどこがよかったかなど、反省を含めてしておくと、日常の学校保健活動の振り返りや次回実習生を受け入れるときに生かすことができます。

# 56 ★★ 採用試験へのアドバイス

年に１度の教員採用試験。自分の受験する自治体の試験内容を確認して、準備をすることが大切です。そして、人一倍「養護教諭になりたい」という熱意をもって試験に臨むことが大切です。
近年の合格者の体験をもとに、合格に向けてのポイントを下記のようにまとめてみました。

**養護教諭をめざすみなさんへ**

1　**自分がめざす養護教諭像をしっかりともちましょう。**
（1）なぜ、養護教諭になりたいのか。
（2）どんな養護教諭になりたいのか。
という２点について、自分の意志をしっかりもってください。「子どもと関わる仕事をしたい」「やさしい養護教諭になりたい」「子どもの悩みを聞いてあげたい」という漠然とした答えではなく、「この人は養護教諭の職務や保健室の機能を理解しているな」と論文や面接において試験官に伝わる回答をしてください。

2　**一般教養、教職教養、専門教養は過去の問題集を繰り返し勉強しましょう。**
※ 法令などは変わることがあるので要注意！　特に学習指導要領、中央教育審議会答申、学校保健安全法関係の法令などが重要です。

3　**論文を書いたら、実習校の校長、養護教諭に見ていただき、添削された部分を書き直し、何度でも納得いくまで書き直しましょう。**
（1）論文の書き方を学びましょう。
（2）どうしても養護教諭になりたいというあなたの決意が伝わる文を書きましょう。

4　**自治体の中には学習指導案の提出を求められる場合があります。**
養護教諭については、教科に関わる事項のうち、任意の校種、単元を選んで、担任や教科担任とティーム・ティーチングで行うことを想定して、１単元時間分の流れを示した学習指導案を提出することになります。
学習指導案を作成したら、実習校の養護教諭・担任・体育科教諭・管理職などにお願いして指導していただくとよいでしょう。
次の点を特に確認しましょう。
・学習指導要領の内容に沿っているか。

5　**自己ＰＲは事前に準備、時間内で話せる練習をしておきましょう。**
「どんな養護教諭になりたいのか」「私を採用してくださったらこんなにお得！」「私は、こんな分野を担当できます（例・部活動、コンピュータ、英会話）」など事前に文章を作成し、何人かの前で大きな声ではきはき話せる練習をしましょう。

6　**養護教諭は元気が一番！**
面接は緊張していても笑顔を忘れずに！　服装にも注意しましょう。

### 【参考】養護教諭の役割

（1）学校内及び地域の医療機関等との連携を推進する上でのコーディネーターの役割
（2）養護教諭を中心として関係教職員等と連携した組織的な健康相談、保健指導、健康観察の充実
（3）学校保健のセンター的役割を果たしている保健室経営の充実（保健室経営計画の作成）
（4）いじめや児童虐待など子どもの心身の健康問題の早期発見、早期対応
（5）学級（ホームルーム）活動における保健指導をはじめ、TT（ティーム・ティーチング）や兼職発令による保健教育などへの積極的な授業参画
（6）健康・安全にかかわる危機管理への対応
救急処置、心のケア、アレルギー疾患、感染症等
（7）専門スタッフ等との連携協働

采女智津江編集代表『新養護概説〈第12版〉』少年写真新聞社（2022）

### 【参考】東京都の教育に求められる教師像

東京都公立学校の校長・副校長及び教員としての資質の向上に関する指票
（1）教育に対する熱意と使命感を持つ教師
・子供に対する深い愛情
・教育者としての責任感と誇り
・高い倫理観と多様性に配慮した人権意識
（2）豊かな人間性と思いやりのある教師
・温かい心、柔軟な発想や思考、創造性
・幅広いコミュニケーション能力
（3）子供のよさや可能性を引き出し伸ばすことができる教師
・常に学び続ける意欲
・一人一人のよさや可能性を見抜く力
・教科等に関する高い指導力
（4）組織人として積極的に協働し互いに高め合う教師
・経営参画への意欲、協働性
・高い志とチャレンジ精神
・自他の安全を守る危機管理力

出典：『東京都の教員に求められる教師像』東京都教育委員会（2023）

※各自治体ごとに求められる教師像が提示されているので、確認しておくことが大切です。

#### ワンポイントアドバイス

実習生には、ぜひ教員採用試験に合格してほしいものです。論文・学習指導案の添削・面接練習など、実習後も合格まで導いていきましょう。

各自治体によって、教員採用試験の内容が異なります。二次試験に模擬授業のある自治体、ロールプレイング形式や集団討論を行う自治体もあります。テーマも事前に出題される場合や、当日その場で出題される場合もあります。各自治体の試験内容を実習生と一緒に確認しましょう。

# 57 実習最後の日に

実習が終わったら、指導者としてのあいさつを忘れずにしましょう。管理職をはじめ担任や指導していただいた先生方、事務主事・用務主事・給食関係の方などに、「お世話になりました」のひと言を忘れずにしましょう。それが、その後の人間関係にもよい影響を与えます。

## ● 指導者としての言葉がけ〈例〉

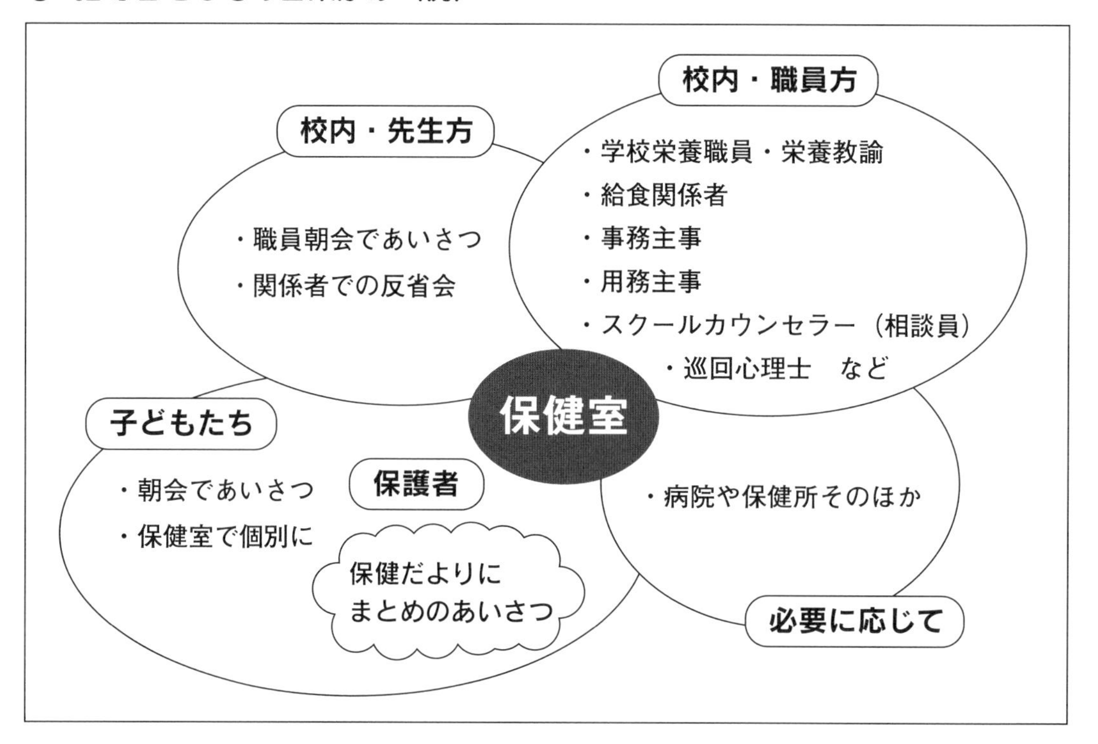


### ワンポイントアドバイス

指導者としての各部署へのあいさつは、養護教諭としての資質アップにも繋がります。普段あまり話をしていなかった人でも、そのことをきっかけによい人間関係をつくることも可能です。指導者自身の向上のきっかけづくりと捉えましょう。実習生には、子どもや保護者との個人的な繋がりを避けるように指導します。

# 資料　学校生活管理指導表（中学・高校生用）

〔2020年度改訂〕

**学 校 生 活 管 理 指 導 表　（中学・高校生用）**

年　月　日

氏名＿＿＿＿＿＿＿＿　男 ・ 女　＿＿＿年　月　日生（　）才　＿＿＿＿ 中学校 高等学校 ＿＿年＿＿組

| ①診断名（所見名） | ②指導区分<br>要管理：A・B・C・D・E<br>管理不要 | ③運動部活動<br>（　　　　）部<br>可（ただし、　　　　）・禁 | ④次回受診<br>（　）年（　）ヵ月後<br>または異常があるとき |
|---|---|---|---|

医療機関＿＿＿＿＿＿＿＿

医　師＿＿＿＿＿＿＿＿　印

【指導区分：A…在宅医療・入院が必要　B…登校はできるが運動は不可　C…軽い運動は可　D…中等度の運動まで可　E…強い運動も可】

| 体育活動 ＼ 運動強度 | | | 軽い運動（C・D・Eは"可"） | 中等度の運動（D・Eは"可"） | 強い運動（Eのみ"可"） |
|---|---|---|---|---|---|
| 運動領域等 | ＊体つくり運動 | 体ほぐしの運動<br>体力を高める運動 | 仲間と交流するための手軽な運動、律動的な運動<br>基本の運動（投げる、打つ、捕る、蹴る、跳ぶ） | 体の柔らかさおよび巧みな動きを高める運動、力強い動きを高める運動、動きを持続する能力を高める運動 | 最大限の持久運動、最大限のスピードでの運動、最大筋力での運動 |
| | 器械運動 | （マット、跳び箱、鉄棒、平均台） | 準備運動、簡単なマット運動、バランス運動、簡単な跳躍 | 簡単な技の練習、助走からの支持、ジャンプ・基本的な技（回転系の技を含む） | 演技、競技会、発展的な技 |
| | 陸上競技 | （競走、跳躍、投てき） | 基本動作、立ち幅跳び、負荷の少ない投てき、<br>軽いジャンピング（走ることは不可） | ジョギング、短い助走での跳躍 | 長距離走、短距離走の競走、競技、タイムレース |
| | 水　泳 | （クロール、平泳ぎ、背泳ぎ、バタフライ） | 水慣れ、浮く、伏し浮き、け伸びなど | ゆっくりな泳ぎ | 競泳、遠泳（長く泳ぐ）、タイムレース、スタート・ターン |
| | 球技 ゴール型 | バスケットボール<br>ハンドボール<br>サッカー<br>ラグビー | ゆっくりな運動（ランニングのない）<br>基本動作<br>（パス、シュート、ドリブル、フェイント、リフティング、トラッピング、スローイング、キッキング、ハンドリングなど） | フットワークを伴う運動（身体の強い接触を伴わないもの）<br>基本動作を生かした簡易ゲーム<br>（ゲーム時間、コートの広さ、用具の工夫などを取り入れた連携プレー、攻撃・防御） | タイムレース・応用練習<br>簡易ゲーム・ゲーム・競技<br>試合・競技 |
| | 球技 ネット型 | バレーボール<br>卓球<br>テニス<br>バドミントン | 基本動作<br>（パス、サービス、レシーブ、トス、フェイント、ストローク、ショットなど） | | |
| | 球技 ベースボール型 | ソフトボール<br>野球 | 基本動作<br>（投球、捕球、打撃など） | | |
| | 球技 | ゴルフ | 基本動作（軽いスイングなど） | クラブで球を打つ練習 | |
| | 武　道 | 柔道、剣道、相撲 | 礼儀作法、基本動作（受け身、素振り、さばきなど） | 基本動作を生かした簡単な技・形の練習 | 応用練習、試合 |
| | ダンス | 創作ダンス、フォークダンス<br>現代的なリズムのダンス | 基本動作（手ぶり、ステップ、表現など） | 基本動作を生かした動きの激しさを伴わないダンスなど | 各種のダンス発表会など |
| | 野外活動 | 雪遊び、氷上遊び、スキー、スケート、キャンプ、登山、遠泳、水辺活動 | 水・雪・氷上遊び | スキー、スケートの歩行やゆっくりな滑走平地歩きのハイキング、水に浸かり遊ぶなど | 登山、遠泳、潜水、カヌー、ボート、サーフィン、ウインドサーフィンなど |
| 文化的活動 | | | 体力の必要な長時間の活動を除く文化活動 | 右の強い活動を除くほとんどの文化活動 | 体力を相当使って吹く楽器（トランペット、トロンボーン、オーボエ、バスーン、ホルンなど）、リズムのかなり速い曲の演奏や指揮、行進を伴うマーチングバンドなど |
| 学校行事、その他の活動 | | | ▼運動会、体育祭、球技大会、新体力テスト などは上記の運動強度に準ずる。<br>▼指導区分、"E" 以外の生徒の遠足、宿泊学習、修学旅行、林間学校、臨海学校などの参加について不明な場合は学校医・主治医と相談する。 | | |

その他注意すること

定義
《軽い運動》 同年齢の平均的生徒にとって、ほとんど息がはずまない程度の運動。
《中等度の運動》 同年齢の平均的生徒にとって、少し息がはずむが息苦しくない程度の運動。パートナーがいれば楽に会話ができる程度の運動。
《強い運動》 同年齢の平均的生徒にとって、息がはずみ息苦しさを感じるほどの運動。心疾患では等尺運動の場合は、動作時に歯を食いしばったり、大きな掛け声を伴ったり、動作中や動作後に顔面の紅潮、呼吸促迫を伴うほどの運動。
＊新体力テストで行われるシャトルラン・持久走は強い運動に属することがある。

出典：公益財団法人日本学校保健会ホームページ（2021）

# 養護実習を受ける際のマナー

まず、実習生を受け入れるために、学校の教職員が多忙な中、時間を割いて準備をしてくださっていることを理解しましょう。

常識をわきまえ、感謝の気持ちをもって実習に臨みます。

## 1　身だしなみ

（1）服装・・・・・・基本、登下校はスーツを着用します。登校したら、白衣やエプロンを着用または動きやすい運動着に着替えます。早く児童生徒・教職員に知ってもらうため、ネームプレートをつけます。

（2）化粧・髪型・・・化粧は派手にならず、清潔感のある髪型にします。ピアスやアクセサリーは外します。その他、校内で児童生徒に禁止していることはやめます。

## 2　持ち物

（1）実習記録ノート・筆記用具等、実習に必要な物を持参します。

（2）携帯電話はマナーモードにして、鞄にしまっておきます。

（3）児童生徒が特定できる文書等は、絶対に持ち帰らないようにします。

## 3　あいさつ

（1）学校内でのあいさつは笑顔で目を合わせます。

（2）初日、登校したら、まず、学校長にあいさつをします。

（3）職員室でのあいさつは大きな声で元気よく、短く、はっきりと話します。練習していくとよいでしょう。

（4）児童生徒の前でのあいさつでは、特に明るく笑顔でわかりやすく自己紹介をします。

（5）初日に事務室・用務室・給食室を周り、あいさつをします。事務室では、自分の給食費の支払い方法を確認しておきます。

（6）言葉遣いには十分気をつけます（児童生徒にはていねいな言葉づかい、先生には敬語を使い、友だち口調で話しかけません）。

## 4 実習中の注意事項

(1) 学校の組織の中の一人であることを自覚しましょう。養護教諭・担当教諭以外の教職員とも積極的にコミュニケーションを取ります。

(2) 勤務時間を守り、遅刻・早退はしないように努めます。万が一体調が悪くなった場合には、指導者・管理職に申し出るようにします。早めに登校し、保健室の清掃や校門で児童生徒にあいさつをしながら健康観察することが大事です。

(3) スマートフォンの使用について、使用のTPOを守りましょう。SNSへのアップ、児童生徒とのアドレスの交換は禁止です。

(4) 守秘義務があります。校内で得た情報は他言無用です。個人情報の管理を行い、実習記録には個人名は記載しません。

(5) 食事のマナーに気をつけます。(給食は残さない、児童生徒より先におかわりしない等) 教室では配膳・片付けを積極的に行います。

(6) 実習生は養護教諭・担当教諭の指示で休憩を取りますが、児童生徒がいるときは、飲食しないようにします。

(7) 児童生徒への関わり方には特に気をつけます (あいさつ、声かけ、呼称はさんづけ等)。

(8) 校内外の規則やルールを守ります (廊下のあるき方、学校独自のルールや文化の受け入れ)。

(9) 保健室にある文書類、健康診断票、児童生徒健康調査票は絶対に保健室の外に持ち出せません。

(10) パソコンの使用については、個人データの取り扱い、個人媒体を持ち込まない等、十分に注意を払います。

(11) 毎日、担当養護教諭、担当教諭との報告・連絡・相談・記録 (ほうれんそうき) を忘れずにします。

(12) 常に危機管理 (目の前のけがの発生や事故への対応) 意識を持ちます。処置方法がわからないときは勝手に行わず、指導を仰ぐようにします。できなくて当たり前です。聞くことが大事です。

(13) 児童生徒に家庭の話は聞かないようにします。

(14) 家庭によって事情が異なるため、自分の体験談を語るときは慎重に話します。

(15) 児童生徒の話をよく聞くことが大事ですが、緊急性があるのか放課後でもよいのかを確認します。授業には出席させることが基本です。

# 終わりに

## 合格まで応援したい！

「先生！　合格しました。」○月○日、東京都公立学校教員採用候補者選考の発表日。電話の向こうでうれしさのあまり泣いているA子さんの姿が目にうかび、私も自分の子どもが合格したかのように「よかったね。よかったね。」と何度も声をあげて喜びました。

A子さんは、論文を何枚も書き直しては、私に送ってきました。その論文から「養護教論になりたい！」というA子さんの気持ちが伝わってくるのです。だから、私も心を鬼にして（？）納得いくまで、添削しました。試験が終わった日、「自分の思いが書けました。何度も読み直す時間もありました。」という報告を聞き、一緒に達成感を味わうことができました。A子さんのように「養護教論になりたい！」という意志のある実習生には、合格まで導いてあげたいのです。また、実習生全員に実習を通し、養護教論の魅力を感じて欲しいのです。この本が、これからの時代を担う養護教論誕生への一助になれば幸いです。

西川路 由紀子（にしかわじ　ゆきこ）

## 養護教論の魅力を伝えよう！

各方面から優秀な実習生が自校で学んできたこと、自分の得意分野、実習の目標などを掲げて教育実習の場で検証したり、学校組織の中で養護教論の立ち位置を見極めたりして頑張っています。実習生の気づきや課題があれば共有し、それをどのように乗り越えさせるかが指導教論に問われています。実習後は、各学校へ戻り、学んだことの振り返りや課題、気づきなどを整理してまとめる作業が待っています。実習期間中は、実習生自身の成長にしっかりと繋がる指導が求められます。実習の中身もその点を大切にしながら、実りのある実習期間にしてあげたいものです。自分の成長に、積み重ねた経験を活かすことは指導教論自身にも当てはまることです。私たちは日々、子どもや保護者、地域の方々と向き合いながら保健教育を推進しています。ご縁があって関わった実習生が、教育職員としての自覚を胸に、現場で明るく元気に働く姿をイメージしながら育成していきましょう。

最後に、実習期間中、養護教論の魅力が伝わるようにご指導いただけると幸いです。

栗田　舞美（くりた　まいみ）

## 高め合える存在に

本書は、私にとっては身近な存在で、実習生を受け入れる際には当然のように手にしていました。そこから数年、今回、縁あって編集に参加させていただき、感謝しています。

生徒の心身の健康課題は多岐にわたり、さらに感染症対策の強化…養護教論自身の健康が心配になる程です。このような時代に養護教論になろうとする意志、それを受け入れる先生方にとって、本書が少しでもお役に立てればありがたく存じます。

藤巻　和美（ふじまき　かずみ）

### 充実した実習指導と養護教諭の業務効率化の両立を目指して

『教育実習マニュアル』の全面改訂にあたり、養護教諭としての大先輩方と編集作業をともにできたことを大変光栄に思うとともに、目次に並ぶたくさんの項目を前にして、養護教諭に求められる役割が多岐にわたることを改めて実感しています。

本書は、項目によっては、養護実習だけではなく教育実習生や若手の年次研修教員に向けて学校保健講話等の校内OJTを行う際にも活用できるような構成となっています。

日々の忙しい執務の中、実習生を受け入れて指導してくださる先生方に本書をご活用いただくことで、養護実習が双方にとってより実りあるものになれば、これほどうれしいことはありません。

朝比奈　文（あさひな　あや）

### 実習生指導は最大の研修

私が初めて実習生指導の話をいただいた際、経験が浅く日々の職務で精一杯な私に務まるのか不安でしたが、先輩方にこの『教育実習マニュアル』を紹介していただき、安心して指導に当たることができました。今回、本書に携わることができて大変うれしく思います。

実習生指導を通して「一人職で不安」「健診当日の時間調整は？」「感染症対策の方法は？」など実習生が感じている課題に対し、自身の職務を振り返り学び直すきっかけとなりました。また、養護教諭の資質能力を生かすためには、学校組織の一員であることを意識して他の教職員や家庭、地域との連携が欠かせないものであることを改めて実感しました。異動は最大の研修と言われますが、実習生指導も同じく最大の研修だと痛感しています。

養護教諭を目指す方々へ、学校保健活動は養護教諭一人だけではなく、皆で協力して取り組む活動であるため安心して臨んでほしいことを応援の気持ちを込めてお伝えしたいです。また、実習を受け持つ先生方へ、この養護実習マニュアルで少しでもお力添えできれば幸いです。

宮古　麻里絵（みやこ　まりえ）

# 索　引

著者
尾花 美恵子（おばな みえこ） 元筑波大学附属小学校養護教諭
西川路 由紀子（にしかわじ ゆきこ） 元東京都公立学校主幹養護教諭
栗田 舞美（くりた まいみ） 元東京都公立学校主幹養護教諭
藤巻 和美（ふじまき かずみ） 東京都公立学校主任養護教諭
朝比奈 文（あさひな あや） 東京都公立学校主任養護教諭
宮古 麻里絵（みやこ まりえ） 東京都公立学校主任養護教諭

主な参考文献
『児童・生徒を支援するためのガイドブック～不登校への適切な対応に向けて～』
東京都教育委員会（2018）
『不登校児童生徒への支援の在り方について（通知）』文部科学省（2016）
『現代的健康課題を抱える子供たちへの支援～養護教諭の役割を中心として～』
文部科学省（2017）
「生徒指導提要」文部科学省（2022）
「生徒指導リーフ」国立教育政策研究所
「教職員向けデジタルリーフレット」東京都教育庁指導部（2022）

---

養護教諭のための **養護実習マニュアル**
2023年6月20日 初版第1刷発行
著　　者 尾花美恵子・西川路由紀子・栗田舞美・藤巻和美・朝比奈 文・宮古麻里絵（共著）
イラスト 有田ようこ
発 行 人 松本 恒
発 行 所 株式会社 少年写真新聞社
〒102-8232 東京都千代田区九段南4-7-16
市ヶ谷KTビルI
TEL 03-3264-2624 FAX 03-5276-7785
URL https://www.schoolpress.co.jp/
印 刷 所 図書印刷株式会社

ISBN978-4-87981-774-7 C3037 NDC374

---

編集：松尾由紀子 DTP：金子恵美 校正：傍島里菜 編集長：野本雅央

---

本書の訂正・更新情報を、弊社ホームページに掲載しています。 https://www.schoolpress.co.jp/
「少年写真新聞社 本の情報更新」で検索してください。